英会話は、ほめ言葉でうまくいく!

―24時間"ほめまくる"英語

長尾和夫+マケーレブ英美●著

三修社

イラスト　マケーレブ英美
デザイン　一柳茂（クリエーターズユニオン）
CD制作　誠音社
編集協力　A+Café

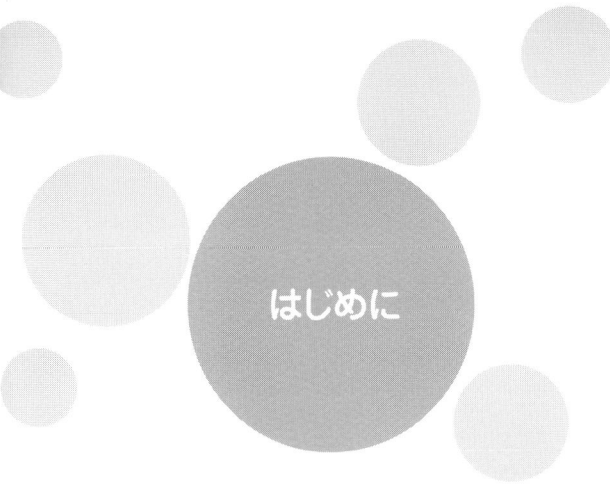

はじめに

「できたね、すごい!」
「お皿を洗ってくれて、やさしい!」
「宿題よくできたね!」
「すばらしい企画書だね!」

などと、自分の夫や奥さん、子供、生徒、会社の部下や同僚をほめる機会は、日本語の会話でも、とても頻繁に登場します。

ほめられていやな気分になる人はいませんし、ほめたりほめられたりすることで、互いの関係も円滑になり、会話もさらにどんどん弾み始めます。「ほめ言葉」は、日常会話のとてもよい潤滑油といっても過言ではありません。

もちろん、これは、英会話でも同じことで、特にネイティヴスピーカーの英会話では、「ほめ言葉」はとても重要な役目を果たしています。

ネイティヴスピーカーは、幼い子供の時期から、どんどんほめて育てられます。

「〜ができたね!」
「すごいよ!」
「君は僕の誇りだよ!」

といった具合に、日本語とはちょっと違った言い回しではありますが、事あるたびにネイティヴの口からは、子供への「ほめ言葉」が飛び出してくるのです。

これは、大人同士の関係でも同じで、相手のいいところや、服装や小物のセンス、ヘアスタイル、シェープアップした体つきまで(セクハラにならない範囲でなら)、なんでもどんどんほめてしまう。これが「日常英会話の強力な潤

滑油」となっているのです。

　ですから、英語のほめ言葉は山ほどあります。ネイティヴは、「ほめる―感謝する」という、ポジティヴな会話のやりとりがとても大好きです。さらに言えば、「ほめることも、ほめられることも大好き」なのです。

　多少こちらのほかの英語が下手だって、日本人に英語でほめられたネイティヴは、ちょっとびっくりしながらも、これまで以上にみなさんに好感をもって接してくれるはずです。会話の言い回しや口調までやさしくなって、彼らのしゃべる英語もさらに聴き取りやすくなるかもしれません。

　そんな彼らに、英語の「ほめ言葉を」使わないのは、とてももったいないこととなのです。これまで「ほめ言葉」を使ってこなかったみなさんは、「口べたな英語スピーカー」だったと言えるでしょう。

　しかし、そんな「口べたな英語」も、本書を読めば一気に解消していきます。

　本書には「やさしい英語のほめ言葉」が満載です！ きっと、この本を読んだ翌日には、同僚やご近所に住むネイティヴをほめたくて、うずうずしてきてしまうはずです。

　本書を使って、みなさんのネイティヴとの英会話がどんどん弾み始め、潤いと笑いとよろこびでいっぱいに満たされることを、執筆者のひとりとして願ってやみません。

　最後になりますが、本書を世に出すにあたり執筆や校正に協力してくれたフォースター紀子氏に深い感謝の気持ちをお伝えしておきたいと思います。

2009年2月吉日
著者を代表して
A+Café 長尾和夫

もくじ

Section 1
💙 家族をほめよう!

- 01 赤ちゃんの笑顔をほめてあげよう! ……………… 10
- 02 小さな幼児をほめてあげよう! ………………… 14
- 03 子供の才能をほめてあげよう! ………………… 18
- 04 子供の性格をほめてあげよう! ………………… 22
- 05 子供にできたことを、ほめてあげよう! ………… 26
- 06 子供の成長をほめてあげよう! ………………… 30
- 07 上手な子育てやしつけをほめよう! …………… 34
- 08 お父さんやお母さんをほめよう! ……………… 38
- 09 奥さんや夫のやさしさをほめよう! …………… 42
- 10 支えてくれる夫や妻をほめてあげよう! ………… 46

Section 2
💙 友人や同僚をほめよう!

- 11 ファッションやセンスをほめよう! ……………… 52
- 12 相手の容姿をほめてみよう! …………………… 56
- 13 体型やダイエットをほめてみよう! …………… 60
- 14 相手のフィットネスをほめよう! ……………… 64
- 15 家や内装をほめてあげよう! …………………… 68
- 16 相手のやさしい気持ちをほめよう! …………… 72
- 17 相手の夢やビジョンをほめよう! ……………… 76
- 18 相手の才能をほめてみよう! …………………… 80
- 19 夢を実現した人をほめてあげよう! …………… 84

Section 3
💙 恋人をほめよう!

- 20 恋人のプレゼントをほめよう! ………………… 90
- 21 デートの段取りや雰囲気をほめよう! ………… 94
- 22 恋人のかっこよさ、美しさをほめよう! ………… 98

23 恋人の魅力や好きなところをほめよう! ……… 102
24 恋人の性格や内面をほめよう! ………………… 106
25 友達の恋人をほめてみよう! …………………… 110

Section 4
💗 仕事や職場でほめよう!

26 自分の仕事や職場をほめてみよう! …………… 116
27 同僚の仕事ぶりをほめてみよう! ……………… 120
28 ビジネスミーティングでほめてみよう! ……… 124
29 ビジネスの企画書をほめよう! ………………… 128
30 勤務評定で部下をほめよう! …………………… 132
31 取引先のオフィスをほめてみよう! …………… 136
32 取引先の製品や技術をほめよう! ……………… 140

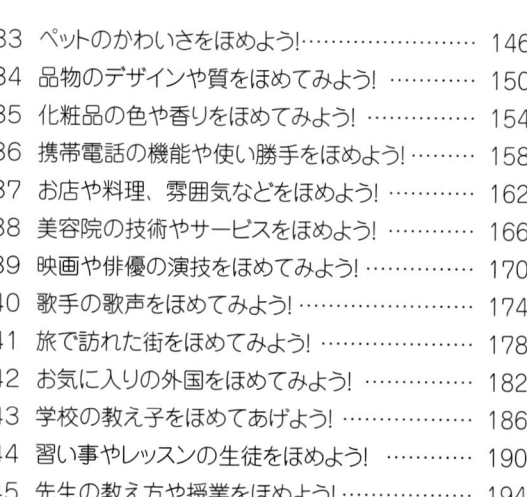

Section 5
💗 いろいろなものをほめてみよう!

33 ペットのかわいさをほめよう! ………………… 146
34 品物のデザインや質をほめてみよう! ………… 150
35 化粧品の色や香りをほめてみよう! …………… 154
36 携帯電話の機能や使い勝手をほめよう! ……… 158
37 お店や料理、雰囲気などをほめよう! ………… 162
38 美容院の技術やサービスをほめよう! ………… 166
39 映画や俳優の演技をほめてみよう! …………… 170
40 歌手の歌声をほめてみよう! …………………… 174
41 旅で訪れた街をほめてみよう! ………………… 178
42 お気に入りの外国をほめてみよう! …………… 182
43 学校の教え子をほめてあげよう! ……………… 186
44 習い事やレッスンの生徒をほめよう! ………… 190
45 先生の教え方や授業をほめてみよう! ………… 194

使い方

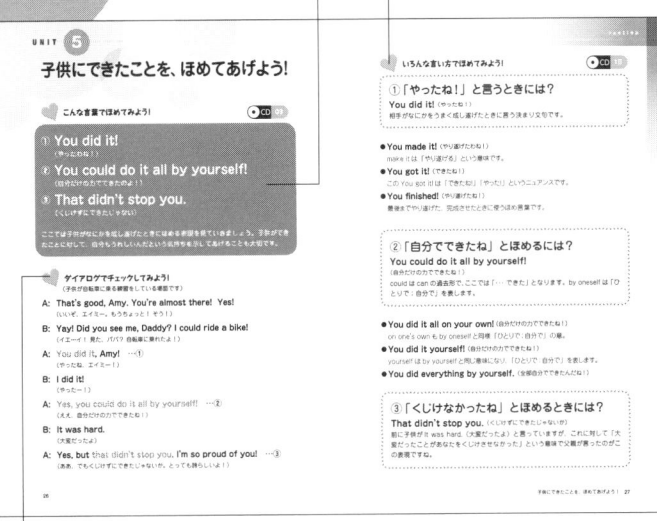

A ♥こんな言葉でほめてみよう!【CD 音声あり】
このユニットの、キー・エクスプレッションです。
まずはじめに、このユニットに登場するほめ言葉をまとめて紹介しています。
表現の前に付した①〜③の番号は、ダイアログ中の番号に対応しています。

B ♥ダイアログでチェックしてみよう!【CD 音声あり】
このシーンのほめ言葉を、自然なネイティヴのダイアログの中で紹介しています。
①〜③の数字がついたグレーの文字のフレーズは、「こんな言葉でほめてみよう」
で紹介した表現です。ネイティヴの上手なほめ言葉の使い方を何度もよく聴きなが
ら身につけていきましょう。

C ♥いろいろな言い方でほめてみよう!【CD 音声あり】
「こんな言葉でほめてみよう」と「ダイアログでチェックしてみよう」で紹介したキー・
エクスプレッションの類似表現をそれぞれ2〜3フレーズずつ紹介しています。同じ
場面、シチュエーションで使えるほめ言葉をもっと増やしましょう。

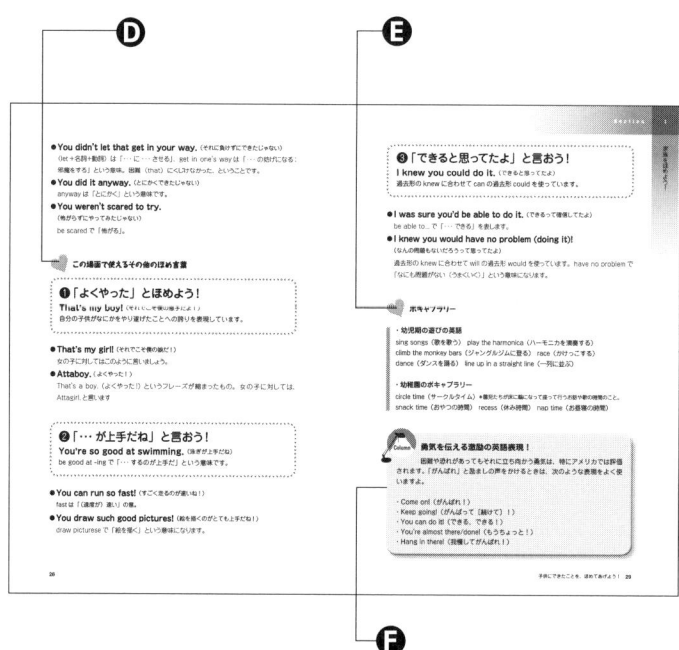

♥この場面で使えるその他のほめ言葉 【CD 音声あり】
ダイアログには登場しなかったけれども、同じシチュエーションではこんな言葉でほめることができる、という表現を紹介しています。さらにバリエーションあふれるほめ言葉が身につきます。

♥ボキャブラリー 【CD 音声なし】
各シーンに関連したボキャブラリーをさらに増強しましょう。会話の相手をほめるときにとても役に立つ、実用的な英単語やフレーズを中心に掲載しておきました。

♥コラム 【CD 音声なし】
各ユニットに関連の深い内容の、興味深いコラムを併載してあります。学習の合間の息抜きに気楽に読んで、ネイティヴの考え方や文化を知る手がかりにしましょう。

Section 1

家族をほめよう!

UNIT 1
赤ちゃんの笑顔をほめてあげよう!

 こんな言葉でほめてみよう!

① **You are so beautiful!**
（なんてかわいいの！）

② **Look at that smile!**
（あの笑顔、見て！）

③ **Look at the way you crawl!**
（このハイハイする姿、なんてかわいいの！）

ここでは赤ちゃんに対するほめ言葉を見ていきましょう。赤ちゃんの容姿をほめるだけでなく、赤ちゃんならではの動作をほめてあげるのもいいでしょう。英語では大げさと思われるくらいにほめるのがちょうどいいのです。

 ダイアログでチェックしてみよう!
（赤ちゃんがハイハイしているのを見ている場面）

A: **Wow, Lisa!** You are so beautiful! …①
（わあ、リサちゃん！なんてかわいいの！）

B: **Yes. She is.**
（うん。そうだねえ）

A: **Look at that smile!** …②
（あの笑顔、見て！）

B: **She's friendly.**
（この子、人懐っこいね）

A: **Definitely. And** look at the way you crawl! …③
（そうね。それにこのハイハイする姿、なんてかわいいの！）

B: **Yes, she just started doing that a few days ago.**
（そうそう、数日前からハイハイを始めたばかりなんだ）

A: **That's great. You're so strong!**
（すごいわ。とっても力強いのね！）

いろんな言い方でほめてみよう！

①「かわいい」と、容姿をほめるときには？

You are so beautiful!（なんてかわいいの！）
赤ちゃんの容姿をほめるときにも beautiful（美しい；きれい）が使えます。赤ちゃんに語りかけるようにお話してあげていますね。

- **You are such a cutie!**（とってもかわいいわね！）
  such a...（名詞）で「すごい…」という意味。cutie（かわいい子）は、子供に使うほか、恋人同士や夫婦間でも使えますよ。
- **You are gorgeous!**（すごくかわいいわね！）
  gorgeous は、大人にも子供にも、男女問わず容姿をほめるときに頻繁に使います。
- **You are such a pretty girl!**（とってもかわいい女の子ね！）
  女の子に対するほめ言葉です。pretty は容姿がかわいい、きれいだという意味。
- **You are so handsome!**（とってもハンサムね！）
  男の子に対するほめ言葉です。handsome はおもに男性の容姿をほめる表現ですが、女性に対して使う場合もあります。

② 具体的にほめるには？

Look at that smile!（あの笑顔、見て！）
Look at... で「…を見て」となり、言い方によっていろんな感情を表現できます。ここでは「…を見て、なんてかわいいの！」といった響きです。

- **What a pretty dress!**（なんてかわいいドレスなの！）
  What a...! で「なんて…なの！」という意味の感嘆文になります。dress は、ふだん着のワンピースのこと。
- **What gorgeous eyes you have!**（なんてきれいな目なんでしょう！）
  gorgeous は、さまざまなものについて、「すてきだ」とほめるときに使えます。

③ 赤ちゃんの動作をほめるには？

Look at the way you crawl!（このハイハイする姿、なんてかわいいの！）

the way... で「…する様子；やり方」。Look at... で直訳すると「…を見て」となりますが、これは目の前にあるかわいい仕草などをほめるときにも使えます。

● **Look how you can clap!**（おててをパチパチしてる姿がかわいいわ！）

how... で「…する様子、やり方」を表します。

● **Look how pretty you smile.**（ニコニコするとなんてかわいいんでしょう）

直訳すると、「あなたがどれほどかわいく微笑むか見てごらん」となります。

 この場面で使えるその他のほめ言葉

❶ 成長ぶりをほめよう

You have gotten so big!（とっても大きくなったね！）

「～になったね」と完了の意味を込めて現在完了を使っていますね。big は大きさだけでなく、子供が「成長した」という意味も含みます。

● **Look how you've grown!**（なんて大きくなったんだ！）

you've は you have の短縮形。grow は「成長する」という意味です。

● **You are getting to be a big boy/girl!**

（お兄さん／お姉さんになってきたね！）

big boy/big girl は小さな子供に対して、赤ちゃんっぽくなくなってきたね、という意味のほめ言葉として使えます。

❷ パパやママに似ていると言おう

You look just like your father!（パパにそっくりだね！）

look just like... で「…と（容姿が）そっくりだ」という意味になります。

- **You have your father's eyes.**（目元がパパに似ているね）
  「パパと同じ目をしているね」という意味です。
- **You're the splitting image of your mother.**（ママに瓜ふたつだね！）
  （splitting）image of... で「…と瓜ふたつ」という意味です。

❸ 具体的な容姿についてほめよう
You have such cute hands!（おててがかわいいね！）
cute で「かわいい；かわいらしい」という意味を表します。

- **Your eyelashes are so long!**（まつげが長いね！）
  eyelash「まつげ」は複数形で使います。
- **Your hair is so curly!**（髪がくるくるしているね！）
  curly で「巻き毛の」。くるくるとカールした子供の髪はかわいいものです。

 ボキャブラリー

・いろいろな幼児語をチェックしよう！
tummy（おなか）　jammies（パジャマ）　beddy-bye（ネンネの時間）
boo-boo（いたいいたい；傷やあざのこと）
oopsie-daisy（おっとっと；ちょっとした失敗のこと）　pee-pee（おしっこ；おちんちん）
poo-poo（うんち）　potty（おトイレ）　wawa（お水）

・赤ちゃんに関する言葉を増やそう！
peek-a-boo（いないいないバー）　piggy back（おんぶ）　crawl（ハイハイ）
bib（よだれかけ）　baby food（離乳食）　diaper（おむつ）
baby chair（赤ちゃん用の椅子）　stroller（ベビーカー）　crib（ベビーベッド）

UNIT 2
小さな幼児をほめてあげよう!

 こんな言葉でほめてみよう!

① **You can button your own shirt!**
（自分でシャツのボタン留められるのね！）

② **Good for you, Johnny!**
（いい子ね、ジョニー）

このユニットでは、幼児をほめる言葉を練習しましょう。子供は、日々、なにかができるようになってきます。そのたびに、「…できるんだね！」「よくやったね！」と、上手にほめ言葉をかけてあげるのはとてもいいことですね。

 ダイアログでチェックしてみよう!
（小さな子が、ひとりでボタンを留めています）

A: Wow Johnny! You can button your own shirt!　…①
　（わー、ジョニー！ 自分でシャツのボタン留められるのね！）

B: Yeah. I can.
　（うん、僕、できるよ）

A: That's wonderful!
　（すばらしいわ！）

B: One, two, three.
　（1、2、3）

A: Listen to you! You know how to count!
　（上手ね！ 数え方もわかるのね！）

B: Five! Five buttons.
　（5つだよ！ ボタン5つ）

A: There sure are. Good for you, Johnny!　…②
　（そのとおり。いい子ね、ジョニー）

いろんな言い方でほめてみよう！　　

① 子供の能力をほめるときには？

You can button your own shirt!
（自分でシャツのボタン留められるのね！）

「…できるんだね」と言いたいときは、この文のように、You can … という言い方を使いましょう。button は「ボタン」、own は「自分の」という意味です。

- **You know how to tie your shoes!**（お靴の結び方、わかるのね！）
  tie は「結ぶ；縛る」という意味。tie one's shoes で「靴のひもを結ぶ」という意味ですね。
- **You can use chopsticks!**（お箸が上手に使えるね！）
  直訳すると「お箸が使えるね！」ですが、「上手ね」という気持ちも、同時に含まれています。
- **You know the alphabet!**（アルファベットわかるのね！）
  know は「知っている；わかる」という意味。「…がわかるんだね！」という言葉にも、相手をほめる気持ちが含まれています。alphabet は ABC の A から Z までのこと。

② よくできたね、と言うときには？

Good for you, Johnny!（いい子ね、ジョニー）
Good for you! は「よくやったね」「えらいね」とほめるときの決まり文句です。どんどん子供に使ってみましょう。

- **Good job!**（上手にできたね！）
  job は、この場合、「仕事」というより、いまほめようとしている子供がやったことを指します。「上手にできたね」「よくできたね」と言うときの決まり文句です。
- **That's excellent!**（すばらしいわ！）
  excellent は「秀逸な；すばらしい」という意味。なにかが上手にできた子供に向かって、この言い方で声をかけてあげましょう。
- **What a super job!**（すごいわね！）
  super は「すごい」という意味です。

この場面で使えるその他のほめ言葉

❶ ひとりでできることをほめよう

You can do it all by yourself!（全部ひとりでできるね！）
by oneself で「自分で；ひとりで」という意味。all をつけると「全部ひとりで」と強調した表現になります。

- **You can do it all on your own!**（全部自分でできるんだね！）
  on one's own も「自分で；ひとりで」という意味。
- **You don't need any help at all.**（全然手伝ってもらわないでできるね！）
  「助けをまったく必要としない（=全部自分でできる）」という表現です。not…at all で「まったく…ない」という意味になります。

❷ 「おもしろいね」と言おう

You're so funny!（おもしろいねー！）
funny は「愉快な；おもしろい；ひょうきんな」という意味です。funny もほめ言葉になります。

- **You say the funniest things!**（すっごくおもしろいこと言うね！）
  ここでは funny の最上級 funniest を使っています。「最高におもしろいね！」というニュアンスです。
- **You're going to be a comedian when you grow up!**
  （大きくなったらコメディアンになるんじゃないか！）
  grow up で「成長する；大人になる」を表します。未来のことを言う場合でも when 以下は現在形になるので注意しましょう。

❸「絵が上手だ」とほめよう

What a beautiful picture!（なんてきれいな絵なんだ！）
What a...！という感嘆文はほめ言葉では必須の表現です。気持ちを込めて言ってみましょう。

- **I love your painting!**（その絵とってもいいぞ！）
「あなたの絵が大好きだ」という表現です。paintingは色を塗って描いた絵で、線画はdrawingと言います。
- **You did this? It's amazing!**（君が描いたの？ すごいね！）
amazingは「すごい；見事な」という意味です。

 ボキャブラリー

・幼児期にできるようになることを、英語で表現しよう！
button one's shirt（ボタンを留める）　tie one's shoes（靴のひもを結ぶ）
brush one's teeth（歯磨きをする）　wash one's face（顔を洗う）
use one's chopsticks（お箸を使う）　fold one's clothes（洋服をたたむ）
clean up（お片付けする）　brush one's hair（髪をとかす）
put one's clothes on（洋服を着る）　wipe one's hands（手を洗う）

Column　アメリカの幼児期のしつけとは？

　アメリカでは、幼児期の子供には日本よりも厳しくしつけるのが一般的です。
　自分のことは自分でできるようにさせる、いけないことをしたら自分の部屋で反省させられるなど、わがままが通用しないことを最初に教える大事な時期なのです。

UNIT 3
子供の才能をほめてあげよう!

 こんな言葉でほめてみよう!

① **It's beautiful!**
（絵がきれいね！）

② **You are very good at painting flowers.**
（お花を描くのがとても上手ね！）

③ **I think you are a very talented artist.**
（あなたは才能のある芸術家だと思うわ）

子供がなにかを上手にできたときには、その才能を大いにほめたいものです。beautiful、amazing などを使ったシンプルな表現でも十分。talented「才能がある」などは大げさに感じるかもしれませんが、子供をほめるとき気軽に使っても OK ですよ。

 ダイアログでチェックしてみよう!
（子供が描いた絵をほめている場面です）

A: Mommy, I painted this picture in art class today.
（ママ、今日はアートのクラスでこの絵を描いたの）

B: Oh, Maggie, it's beautiful! …①
（まあマギー、きれいね！）

A: Ms. Lee said I've gotten better at using paints.
（リー先生が絵の具を使うのが上手になったねって言ったの）

B: I think so, too. You are very good at painting flowers. …②
（私もそう思うわ。お花を描くのがとても上手ね）

A: I really like to paint.
（絵を描くのが大好きなの）

B: That's wonderful, because I think you are a very talented artist. …③
（すばらしいわね、すごい才能の芸術家だと思うわ）

いろんな言い方でほめてみよう！

①「絵がきれいね」とほめるときには？
It's beautiful!（絵がきれいね！）
beautiful を使った、こんなシンプルな表現でも立派なほめ言葉になります。

- **It is so lovely!**（とってもすてきね！）
  lovely はいろんなものに対して、「すてきな；すばらしい」の意味で使えます。ただし女性的な形容詞なので、男性はあまり使わないほうが無難です。
- **What an amazing painting you did!**（なんてすばらしい絵を描いたの！）
  amazing も「すごい；すばらしい」という意味でほめ言葉によく使います。
- **This is such a pretty painting!**（とってもきれいな絵ね！）
  ここでの pretty は、「きれいな；美しい」といった意味合いです。

② 得意なことをほめてみよう
You are very good at painting flowers.
（お花を描くのがとても上手ね！）
be good at... で「…が上手だ；得意だ」という意味を表します。「…」には名詞や動名詞（-ing 形）が入ります。

- **You are so good at jumping rope.**（あなたは縄跳びがとっても得意なのね）
  jump rope は「縄跳び（をする）」という意味。
- **You have a knack for sports.**（あなたはスポーツの才覚があるわね）
  knack for... で「…のコツ；才覚」の意味です。

③「才能がある」とほめるときには？
I think you are a very talented artist.
（あなたは才能のある芸術家だと思うわ）
talented は「才能のある」を表します。

- **You are so talented.**（あなたはとっても才能があるわね）
  so（とても）という単語で強めながら、たくさんほめています。
- **You have a talent for making pretty things.**
  （あなたはきれいなものを作る才能があるわね）
  talent for... で「…の才能」。「…」には名詞や動名詞（-ing 形）が入ります。

 この場面で使えるその他のほめ言葉

❶「よくやった」と言おう！
Way to go!（よくやったね！）
アメリカ英語で、ほめたり励ましたりするときに使います。

- **Great going!**（その調子！）
  これも「よくやった」とほめる表現です。Good going! とも言います。
- **Good job!**（よくできたね！）

❷「賢いね」と言おう！
You are so clever!
（とっても賢いね！）
clever は「かしこい；利口な」を表します。

- **What a bright girl you are!**（なんて賢い子だろう！）
  ここでの bright は「明るい」ではなく「利口な；頭のいい」という意味になります。
- **You are a very smart boy.**（頭のいい子だね）
  smart は「かしこい；頭のいい」。日本語で言う「スマート（やせている）」は slim と表現するので注意しましょう。

❸ お手伝いをほめてあげよう！

You're a great helper.（すごく助かるよ）
「あなたは立派なお手伝いだ」、つまり「手伝ってくれてとても助かる」という表現ですね。

- **You're mama's little helper.**（あなたはママの小さなお手伝いさんだね）
  小さな子供に対して使いましょう。
- **You are such a big help!**
  （とっても助かるよ！）
  big help で「とても役に立つ人」という意味です。

 ボキャブラリー

・幼稚園のボキャブラリーを増やそう！

託児所	daycare (center)	保育園	preschool
幼稚園	kindergarten	お弁当箱	lunch box
体操着	gym suit	スモック	smock
お絵描き	drawing	粘土細工	clay modeling / making things with clay
折り紙	origami	あやとり	cat's cradle
クレヨン	crayons	絵の具	paints
色鉛筆	colored pencils	色画用紙	construction paper

Column: 子供をほめて育てるアメリカ人

子供が何歳になっても同じことが言えますが、アメリカでは自分の子供をどんどんほめ、周囲にいる人もそのほめ言葉に同調するのが当たり前です。子供たちの自尊心を育てるためにも、どんどん人前で子供をほめるといいですね。

UNIT 4

子供の性格をほめてあげよう!

こんな言葉でほめてみよう! CD 07

① **You are a great friend for sharing your snack.**
(おやつを分けてあげるなんて、あなたいいお友達ね)

② **That was a nice thing you did.**
(いいことをしてあげたわね)

③ **I'm sure you made her feel very happy.**
(彼女もうれしかったと思うわ)

ここでは、子供がお友達に親切にしてあげたり仲良くしてあげたりしたときにほめてあげる表現を見ていきましょう。

ダイアログでチェックしてみよう!
(お友達とおやつを分け合った子供をあとでほめている場面です)

A: **I gave Nancy a cookie.**
(ナンシーにクッキーをあげたの)

B: **You are a great friend for sharing your snack.** …①
(おやつを分けてあげるなんて、あなたいいお友達ね)

A: **Yeah.** (うん)

B: **That was a nice thing you did.** …②
(いいことをしてあげたわね)

A: **She forgot her snack.**
(ナンシーはおやつを忘れたの)

B: **I'm sure you made her feel very happy.** …③
(ナンシーもうれしかったと思うわ)

A: **Yeah.** (うん)

いろんな言い方でほめてみよう！　

① お友達に親切にできたことをほめるには？

You are a great friend for sharing your snack.
（おやつを分けてあげるなんて、あなたいいお友達ね）
for 以下は、「…してあげたなんて」と理由を表しています。

- **You are so kind for letting him use your crayons.**
  （クレヨンを彼に使わせてあげて、あなたはとっても親切ね）
  〈let ＋名詞＋動詞〉で「…に…させる」という意味を表します。
- **You are such a thoughtful friend.**（あなたは思いやりのあるお友達ね）
  thoughtful は「思いやりのある」という意味です。
- **You are a very good friend to Joe.**
  （あなたはジョーにとってとてもいいお友達ね）

② 子供のやさしさをほめるには？

That was a nice thing you did.
（いいことをしてあげたわね）
nice はここでは「親切な；やさしい」という意味です。

- **It was so nice of you to do that.**
  （そんなことをしてあげたなんてやさしいわね）
  It is so nice of you to... は「…してくれるなんてあなたはとてもやさしいですね」という表現で、なにか親切にしてもらったりしたときに感謝の言葉として使うこともできます。
- **How nice of you for doing that!**
  （そんなことをしてあげたなんて、なんてやさしいんでしょう！）
  上の英文と同様の意味ですが、ここでは感嘆文で気持ちを込めて表しています。
- **What a nice thing you did!**（なんてやさしいことをしてあげたんでしょう！）

子供の性格をほめてあげよう！　23

③ お友達をよろこばせたことをほめるには?

I'm sure you made her feel very happy.
(彼女もうれしかったと思うわ)

〈make ＋名詞＋動詞〉で「…を…させる」という意味。直訳は、「あなたが彼女をうれしい気持ちにさせたと思う」ですね。

- **I'll bet Mary was very happy that you helped her.**
(あなたが手伝ってあげて、メアリーはとてもうれしかったに違いないわ)

I'll bet... は「まちがいなく…だと思う」という意味。that 以下は理由を表しています。

- **You made her feel very special, I'm sure.**
(あなたは彼女に特別な存在だと思わせてあげたわね)

I'm sure は文頭においても、このように文末においても使えます。

- **I think Sam was very glad you played with him.**
(あなたがいっしょに遊んであげて、サムもとてもうれしかったと思うわ)

 この場面で使えるその他のほめ言葉

❶「…してあげてえらかったね!」と言おう!

Good for you for helping Mark!
(マークを手伝ってあげてえらかったね!)

Good for you for-ing... で「…してあげてよかったね；いいことだね」という表現になります。

- **That's great that you helped Mary find her pet hamster.**
(メアリーのペットのハムスターを見つけるのを手伝ってあげてえらかったね)

〈help ＋名詞＋動詞〉で「…が…するのを手伝う」という意味。

- **How nice that you made him a birthday card!**
(彼にバースデーカードを作ってあげるなんて親切だね!)

❷ 「すごくいい子ね」と言おう!

You are such a good kid!（すごくいい子だね！）
kid は child と同様「子供」の意味ですが、カジュアルな感じの言葉です。

- **What a good girl you are!**（なんていい子なんだ！）
- **You are a great friend to Mandy.**（君は、マンディーのいいお友達だね）

❸ 「強いね」と言おう!

You are so strong.（とっても強いね！）
so strong は「とても強い」という意味。

- **You're a tough kid.**（強い子だね）
  tough は「強い；強靭な」を表します。
- **You are so brave for standing up to Carl.**
  （カールに立ち向かうなんてとっても勇気があるね）
  brave は「勇気がある；勇敢な」の意味。stand up to... は「…に立ち向かう；互角に戦う」という表現です。

 ボキャブラリー

・よい子のボキャブラリーを増やそう！

share one's snack（おやつを分ける）
split a sandwich（サンドイッチを半分こする）
lend someone one's handkerchief（ハンカチを貸してあげる）
help mom in the kitchen（台所でママのお手伝いをする）
be kind to others（人にやさしくする）
get along with one's classmates（クラスメートと仲良くする）
invite a friend to play（友達を遊びに誘う）
play nicely with one's friends（友達と楽しく遊ぶ）

・いろいろな子供の英単語

a sweetheart（やさしい子）　a meany（意地悪な子）　a clown（お調子者）
a bully（いじめっ子）　a cry-baby（泣き虫）　a know-it-all（知ったかぶりっ子）
a shy girl/boy（恥ずかしがり屋）

UNIT 5
子供にできたことを、ほめてあげよう！

 こんな言葉でほめてみよう！　

① **You did it!**
（やったわね！）

② **You could do it all by yourself!**
（自分だけの力でできたのよ！）

③ **That didn't stop you.**
（くじけずにできたじゃない）

ここでは子供がなにかを成し遂げたときにほめる表現を見ていきましょう。子供ができたことに対して、自分もうれしいんだという気持ちを示してあげることも大切です。

 ダイアログでチェックしてみよう！
　（子供が自転車に乗る練習をしている場面です）

A: That's good, Amy. You're almost there! Yes!
　（いいぞ、エイミー。もうちょっと！そう！）

B: Yay! Did you see me, Daddy? I could ride a bike!
　（イエーイ！見た、パパ？自転車に乗れたよ！）

A: You did it, Amy!　…①
　（やったね、エイミー！）

B: I did it!
　（やったー！）

A: Yes, you could do it all by yourself!　…②
　（ええ、自分だけの力でできたね！）

B: It was hard.
　（大変だったよ）

A: Yes, but that didn't stop you. I'm so proud of you!　…③
　（ああ、でもくじけずにできたじゃないか。とっても誇らしいよ！）

いろんな言い方でほめてみよう！

①「やったね！」と言うときには？

You did it!（やったね！）
相手がなにかをうまく成し遂げたときに言う決まり文句です。

- **You made it!**（やり遂げたわね！）
  make it は「やり遂げる」という意味です。
- **You got it!**（できたね！）
  この You got it! は「できたね!」「やった!」というニュアンスです。
- **You finished!**（やり遂げたね！）
  最後までやり遂げた、完成させたときに使うほめ言葉です。

②「自分でできたね」とほめるには？

You could do it all by yourself!
（自分だけの力でできたね！）
could は can の過去形で、ここでは「…できた」となります。by oneself は「ひとりで；自分で」を表します。

- **You did it all on your own!**（自分だけの力でできたね！）
  on one's own も by oneself と同様「ひとりで；自分で」の意。
- **You did it yourself!**（自分だけの力でできたね！）
  yourself は by yourself と同じ意味になり、「ひとりで；自分で」を表します。
- **You did everything by yourself.**（全部自分でできたんだね！）

③「くじけなかったね」とほめるときには？

That didn't stop you.（くじけずにできたじゃないか）
前に子供が It was hard.（大変だったよ）と言っていますが、これに対して「大変だったことがあなたをくじけさせなかった」という意味で父親が言ったのがこの表現ですね。

- **You didn't let that get in your way.**（それに負けずにできたじゃない）
  〈let＋名詞＋動詞〉は「…に…させる」、get in one's way は「…の妨げになる；邪魔をする」という意味。困難（that）にくじけなかった、ということです。
- **You did it anyway.**（とにかくできたじゃない）
  anyway は「とにかく」という意味です。
- **You weren't scared to try.**
  （怖がらずにやってみたじゃない）
  be scared で「怖がる」。

 この場面で使えるその他のほめ言葉

❶「よくやった」とほめよう！
That's my boy!（それでこそ僕の息子だよ！）
自分の子供がなにかをやり遂げたことへの誇りを表現しています。

- **That's my girl!**（それでこそ僕の娘だ！）
  女の子に対してはこのように言いましょう。
- **Attaboy.**（よくやった！）
  That's a boy.（よくやった！）というフレーズが縮まったもの。女の子に対しては、Attagirl. と言います

❷「…が上手だね」と言おう！
You're so good at swimming.（泳ぎが上手だね）
be good at -ing で「…するのが上手だ」という意味です。

- **You can run so fast!**（すごく走るのが速いね！）
  fast は「（速度が）速い」の意。
- **You draw such good pictures!**（絵を描くのがとても上手だね！）
  draw picturese で「絵を描く」という意味になります。

❸「できると思ってたよ」と言おう!

I knew you could do it.（できると思ってたよ）

過去形の knew に合わせて can の過去形 could を使っています。

- **I was sure you'd be able to do it.**（できるって確信してたよ）

  be able to... で「…できる」を表します。

- **I knew you would have no problem (doing it)!**

  （なんの問題もないだろうって思ってたよ）

  過去形の knew に合わせて will の過去形 would を使っています。have no problem で「なにも問題がない（うまくいく）」という意味になります。

 ボキャブラリー

・幼児期の遊びの英語

sing songs（歌を歌う）　play the harmonica（ハーモニカを演奏する）
climb the monkey bars（ジャングルジムに登る）　race（かけっこする）
dance（ダンスを踊る）　line up in a straight line（一列に並ぶ）

・幼稚園のボキャブラリー

circle time（サークルタイム）＊園児たちが床に輪になって座って行うお話や歌の時間のこと。
snack time（おやつの時間）　recess（休み時間）　nap time（お昼寝の時間）

Column　勇気を伝える激励の英語表現！

　　　困難や恐れがあってもそれに立ち向かう勇気は、特にアメリカでは評価されます。「がんばれ」と励ましの声をかけるときは、次のような表現をよく使いますよ。

・Come on!（がんばれ！）
・Keep going!（がんばって［続けて］！）
・You can do it!（できる、できる！）
・You're almost there/done!（もうちょっと！）
・Hang in there!（我慢してがんばれ！）

UNIT 6
子供の成長をほめてあげよう!

　こんな言葉でほめてみよう!　

① **You have grown so tall.**
（ずいぶん背が伸びたわね）
② **You've become so handsome.**
（とってもハンサムになったわね）
③ **I hear you are already in middle school.**
（もう中学校に行ってるんですってね）

子供の成長をほめるときには、身体的に大きくなったということだけでなく、容姿が男性らしく、また女性らしくなってきたということもほめてあげましょう。学校生活などについて知っていることがあったら、聞いてあげるのもいいでしょう。

　ダイアログでチェックしてみよう!
（おばさんが甥の成長に感心しています）

A: Hello Sam! It's been so long since I last saw you!
（こんにちは、サム！久しぶりね！）

B: Hello, Aunt Betty.
（こんにちは、ベティおばさん）

A: You have grown so tall. How old are you now?　…①
（ずいぶん背が伸びたわね。いまは何歳なの？）

B: I'm twelve. （12歳です）

A: Wow. And you've become so handsome.　…②
（まあ。それにとってもハンサムになって）

B: Thanks. （どうも）

A: I hear you are already in middle school.　…③
（もう中学校に行ってるんですってね）

いろんな言い方でほめてみよう！　

①「大きくなったね」とほめるには？

You have grown so tall.（ずいぶん背が伸びたわね）

「とても背が高くなったわね」と子供の身体的な成長もほめてあげましょう。

- **You are as tall as your father.**（お父さんと同じくらいの身長になったわね）

  as...（形容詞・副詞）as...（名詞）で「…と同じくらい…だ」という構文でしたね。

- **You are tall enough to be a basketball player.**

  （バスケットボールの選手になれるくらい背が高いわね）

  直訳すると、「バスケットボールの選手になるのに十分な背の高さだ」となります。

- **You are growing so fast.**（どんどん大きくなっていくわね）

  「とても速く成長しているね」と、成長の速さをほめた表現です。

② 容姿をほめるときには？

You've become so handsome.

（とってもハンサムになったわね）

男の子に対しては、handsome を使って容姿をほめてあげましょう。

- **You've become quite a lady.**（立派なレディになったわね）

  大人っぽくなった女の子に対してこのように言ってあげましょう。quite a... で「なかなかの；すごい」という意味です。

- **You appear so grown-up.**（ずいぶん大人っぽく見えるわね）

  grown-up は「成長した；大人らしい」という表現で、「大人；成人」と名詞としても使います。appear... は「…に見える」。

- **You look very mature for your age.**

  （年の割にはとても大人っぽく見えるわね）

  mature は「成熟した；大人っぽい；しっかりした」、for one's age で「年の割には」という意味になります。

③ 学校生活などについてほめるときには？

I hear you are already in middle school.
(もう中学校に行ってるんですってね)
I hear... で「…と聞いている；…だそうですね」という表現になります。
middle school は「中学校」です。

● **I understand you are playing football in high school.**
(高校でフットボールをやってるのよね)
football はアメリカではアメリカンフットボール、イギリスではサッカーを指します。high school は「高校」のこと。

● **Your mother tells me you are on the varsity cheerleading squad.**
(お母さんが、あなたが学校代表のチアリーディングのチームに入ってるって言ってたわ)
varsity は「学校代表の」、cheerleading squad は「チアリーディングのチーム」という意味です。

● **I heard you got your driver's license.** (運転免許を取ったんですってね)
driver's license は「運転免許」です。

 この場面で使えるその他のほめ言葉

❶「もてるでしょうね」と言おう！

I'm sure you are quite popular with the boys.
(男の子にとってももてるでしょうね)
be sure... で「…と確信している」となります。「もてる」は popular を使って表現します。

● **I'll bet all the girls flock to you.** (間違いなく女の子にモテモテでしょう)
I (will) bet... で「…だと賭けてもいい；間違いなく…だ」という表現になります。
flock to... は「群がる；押し寄せる」で、「もてる」ことを表しています。

● **I have a feeling you're a heartbreaker.** (モテモテで罪作りな子って感じね)
have a feeling... で「…だという気がする」という意味です。heartbreak で「失恋」、heartbreaker は「失恋させる人」、すなわち「女泣かせ（男泣かせ）」ということです。

❷ 将来への期待を言おう！
You've got a bright future ahead of you.
（あなたの前には明るい将来が開けてるね）

You've は You have の短縮形。have got で have と同様に「もっている；ある」という意味になります。ahead of... は「…の前に；…の先に」という意味。

● **Your future is full of possibilities.**
（あなたの将来は可能性に満ちているね）

full of... は「…に満ちた」という意味の表現です。possibility は「可能性；将来性」を表します。

● **The world is your oyster.**
（世界は君の思いのままだね）

oyster は「牡蠣（かき）」ですが、「思いのままになるもの」という意味もあります。

 ボキャブラリー

・子供の成長にまつわる言い回しを増やそう！

You've grown.（大きくなったね）
You've gotten so tall.（背がとても高くなったね）
You have grown so big and strong.（たくましくなったね）
You have become so handsome.（とてもハンサムになったね）
You are becoming quite a beauty.（ものすごい美人になってきてるね）
You look so grown up.（とても大人びて見えるよ）
You've become so polite.（とても礼儀正しくなったね）
You know so much now.（とてもよくものがわかるのね）
　＊最後の表現は、おもに小さな子に向かって使います。

UNIT 7
上手な子育てやしつけをほめよう!

 こんな言葉でほめてみよう!

① **They have grown to be such handsome children.**
（美少年、美少女になったわねえ）

② **They are so well-behaved.**
（子供たちは、すごくお行儀がいいわね）

③ **You have excellent parenting skills!**
（親の教育がいいのね！）

ここでは友人などの子供をほめる表現を見てみましょう。子供の容姿や態度のよさをほめるだけでなく、「親の育て方がいいから」というふうに親自身をほめる表現もチェックしてください。

 ダイアログでチェックしてみよう!
（友人宅で、友人の子供たちとあいさつを交わしたあとの会話）

A: **How old are they now?**
（子供たちはいくつ？）

B: **Mary's twelve and Sam's ten.**
（メアリーが12歳でサムが10歳だよ）

A: **Wow.** They have grown to be such handsome children. …①
（わあ。美少年と美少女になったわねえ）

B: **Thank you.**
（ありがとう）

A: **And** they're so well-behaved. …②
（それにお行儀もすごくいいし）

B: **They are, aren't they?**
（そうだろう？）

A: **Yes.** You have excellent parenting skills! …③
（ええ。親の教育がいいのね！）

いろんな言い方でほめてみよう！ 🎵 CD 14

① 知人の子供の容姿をほめるには？

They have grown to be such handsome children.
（美少年、美少女になったわねえ）

handsome は「ハンサムな；顔立ちが整った」という意味。男性・男の子の容姿についてだけでなく、女の子の容姿についても使うことがあります。

- **Mary has become quite the beauty!**（メアリーはすごい美人になったね！）
  ここでの beauty は「美人」の意味。quite は「なかなかの；かなりの」。
- **Sam is a very sharp-looking young man.**
  （サムはとてもかっこいい少年だね）
  sharp-looking は「（見た目が）かっこいい」という意味。
- **Your children are all very attractive.**
  （君の子供たちはみんなすごく魅力的だね）
  attractive は「魅力的」。

② 子供たちの態度をほめるには？

They are so well-behaved.（子供たちは、すごくお行儀がいいわね）
well-behaved は「お行儀がいい」という意味の形容詞です。

- **Patty is very mature for her age.**
  （パティは、年の割にはとてもしっかりしているね）
  mature は「十分成長した；しっかりした」の意味。for her age は「年齢の割に」。
- **Mia is so graceful.**（ミアはとてもおしとやかだね）
  graceful は「優雅な；おしとやかな」という意味。
- **James is so polite.**（ジェームズは礼儀正しいね）
  polite は「ていねいな；礼儀正しい」という意味です。

③ 親の育て方をほめるには？
You have excellent parenting skills!（親の教育がいいのね！）
parenting skills は「育児能力」のことで、ここでは「親である君の育て方がいいんだな」とほめています。

- **You must have done something right!**
  （君がきちんと育ててきたからに違いないね！）
  do something right は「正しいことをやる」ですが、ここでは「正しく子供を育ててきたに違いない」ということを言っています。
- **They're such great kids because of you and your husband.**
  （あなたとだんなさんのおかげで、子供たちはあんなにすばらしいんだね）
  because of... で「…のおかげで」を表します。
- **You did a great job raising them.**
  （うまく子供たちを育てたね）
  raise は「（子供を）育てる」の意味。

♥ この場面で使えるその他のほめ言葉

❶「とても誇らしいでしょうね」と言おう！
You must be very proud.（とても誇らしいでしょうね）
must... は「…に違いない」。

- **You are a proud parent, I'm sure.**（親として誇らしいでしょうね）
  I'm sure... は「…と確信している」の意味で、この英文のように文末においても使えます。
- **I would be so proud to have such lovely children.**
  （あんなすばらしい子供たちがいたら、誇らしいんだけどなあ）
  「自分にもあんな子供がいたらなあ」というほめ言葉です。

❷ 家族のつながりや絆をほめてあげよう！

You are such a tight family.
（君たちって、すごく仲のいい家族だね）
tight は「（関係が）親密な」という意味。

- **I can tell your family is very close.**
（君たち家族がすごく仲がいいのがわかるよ）
close も上の tight 同様、「仲がいい；親密な」という意味を表します。

- **You all get along so well.**（君たちみんな、とても仲良くやってるね）
get along well で「仲良くする；うまくやる」という意味になります。

♥ ボキャブラリー

・いろいろな子供を評するフレーズを覚えよう！

well-behaved child（行儀のいい子）
ill-behaved child（行儀の悪い子）
well disciplined child（しつけができている子）
unruly child（しつけができていない子）
quiet/peaceful child（静かな子；おとなしい子）
loud/rowdy child（うるさい；騒がしい子）
mischievous child（いたずらっ子）
clever/bright child（賢い子；利口な子；利発な子）
needy child（頼ってばかりいる子）

・友人の子育てにコメントするフレーズ集

give their children a lot of praise（子供をたくさんほめる）
respect their children's individuality（子供の個性を大切にする）
raise their children to become independent individuals
（子供を独立した個人に育てる）
encourage their children to develop their interests
（子供の興味を伸ばすよう励ます）
pay attention to what their children have to say
（子供の言葉に耳を傾ける）

UNIT 8
お父さんやお母さんをほめよう!

こんな言葉でほめてみよう!　　CD 15

① **You're such a good cook!**
（とっても料理が上手だね！）

② **You cook real good spaghetti.**
（ママの作るスパゲッティはほんとにおいしいよ）

③ **I think you're the best cook in the whole world!**
（ママは世界中でいちばん料理が上手だよ！）

子供はどんな表現でパパやママをほめてくれるのでしょうか？ ここでは子供ならではのシンプルな表現をまとめて見ていきましょう。

ダイアログでチェックしてみよう!
（子供が母親の料理をほめています）

A: It smells good! I'm so hungry!
（いいにおいだね！ お腹がペコペコだ！）

B: That's great, Jimmy. Eat lots!
（それはよかったわ、ジミー。たくさん食べてね！）

A: This is really good, Mama. You're such a good cook!　…①
（これ、すごくおいしいいね、ママ。とっても料理が上手だね！）

B: Why, thank you Jimmy.
（あら、ありがとう、ジミー）

A: You cook real good spaghetti.　…②
（ママの作るスパゲッティはほんとにおいしいよ）

B: I'm so happy you think so.
（そう思ってくれてとてもうれしいわ）

A: I think you're the best cook in the whole world!　…③
（ママは世界中でいちばん料理が上手だよ！）

いろんな言い方でほめてみよう！ 🎧 CD 16

① いいところをほめるときには？

You're such a good cook!（とっても料理が上手だね！）

「とてもいい料理人だね」と言えば、すなわち、料理が上手だほめることになります。とてもよく使う料理へのほめ言葉ですよ。

- **You're a great daddy.**（すごくいいパパだよ）
  daddy は「パパ」のこと。
- **You're so good at playing catch.**（キャッチボールがすごく上手だね）
  be good at... で「…が得意だ；上手だ」という意味。play catch は「キャッチボールをする」という意味。
- **You always make my tummy feel better.**
  （ママの料理で、いつもおなかが満足するよ）
  tummy は「おなか」の意味の幼児語です。

② 料理を具体的にほめるときには？

You cook real good spaghetti.
（ママの作るスパゲッティはほんとにおいしいよ）

「ママはほんとにおいしいスパゲッティを作るね」という表現です。この real は、really と同じ「ほんとうに」という意味で使われています。

- **You make really good hamburgers, Daddy!**
  （パパの作るハンバーガーはほんとにおいしいね！）
- **I love the cookies that you bake, Mommy.**
  （ママが焼いてくれるクッキーが大好きだよ）
  bake はケーキやパンなどを「焼く」という意味。
- **Your pizza is better than Domino's!**
  （ママの作るピザはドミノピザよりおいしいよ！）

③ 世界でいちばんだとほめるときには？
I think you're the best cook in the whole world!
(ママは世界中でいちばん料理が上手だよ！)
in the world で「世界で」、それに whole をつけると「全世界中で」と強調する表現になります。

- **I have the greatest daddy in the world!**
  (僕のパパは世界でいちばんいいパパだ！)
  greatest in the world は「世界でいちばんすごい」という意味の最上級表現。
- **No one makes curry like you.**
  (ママみたいにカレーを作れる人はいないよ)
  これも「ママのカレーは世界一だ」とほめる表現になっています。
- **I think I have the best daddy and mommy ever.**
  (世界一のパパとママだよ)
  ever は強調の表現で「これまでに」といった意味合いです。

♥ この場面で使えるその他のほめ言葉

❶「大好きだ」と言おう！
I love you, Mommy. (ママ大好きだよ)
「愛してる」「大好きだ」という意味のシンプルでストレートな表現です。

- **I love all the things you do for me.** (ママがしてくれること全部大好きだよ)
  all the things you do は「あなたがしてくれるすべてのこと」という意味ですね。
- **I'm so glad you're my mommy.** (ママが僕のママでとってもよかったよ)
  I'm so glad は「僕はとてもうれしい」という意味。その後ろに、なにがうれしいのかをつけ加えています。

❷「ママきれいだね」と言おう。
You're so pretty, Mom.
（ママ、とてもきれいだね）

- **You look so good in that shirt.**（ママそのシャツとっても似合うね）
  look good in...（洋服など）で「…を着るとすてきに見える」、すなわち「…が似合う」となります。
- **I think you are so pretty.**（ママはすごくきれいだと思うよ）
  so は「とても」という意味の強調語です。

❸「パパおもしろいね」と言おう！
You're so funny, Daddy.（パパってすごくおもしろいよ）

- **I like your jokes.**（パパのジョーク好きだな）
- **I think you're so fun!**
  （パパってとってもおもしろいと思うよ）
  fun は「楽しいこと」を表しますが、ここでは「おもしろい人」という意味で使われています。

♥ ボキャブラリー

・子供が使うほめ言葉をもっと知ろう！
look pretty with makeup on（化粧をしてきれいだ）
be good at sports（運動が得意だ）
be a good cook（料理が上手だ）
be good at cleaning the house（掃除が上手だ）
work hard（一生懸命働く）
do a lot of housework（家事をたくさんする）

UNIT 9 奥さんや夫のやさしさをほめよう!

こんな表現でほめてみよう! 　　CD 17

① **It was so sweet of you to do the dishes for me.**
（お皿を洗ってくれるなんてとってもやさしいのね）

② **Oh, honey, you are so considerate.**
（あらハニー、すごく思いやりがあるのね）

③ **I love that about you.**
（あなたのそういうところが大好きよ）

夫や妻が気を遣ってなにかしてくれたときは、どのようなほめ言葉を使えばいいでしょうか？ 具体的になにに感謝しているかを言うと、気持ちが上手に伝わる言葉になります。

ダイアログでチェックしてみよう!
（奥さんが手伝ってくれた夫をほめています）

A: It was so sweet of you to do the dishes for me. …①
（お皿を洗ってくれるなんてとってもやさしいのね）

B: You seemed tired, so I wanted to help out.
（疲れているようだったから、手伝ってあげたかったんだ）

A: Oh, honey, you are so considerate. …②
（あらハニー、すごく思いやりがあるわね）

B: I do my best. （できるだけのことはするよ）

A: I love that about you. …③
（あなたのそういうところが大好きよ）

B: I love that you love that about me!
（僕のそういうところを大好きでいてくれて、うれしいよ！）

A: Aren't we just the greatest!
（私たちって最高じゃない！）

いろんな言い方でほめてみよう！　CD 18

①「…してくれてやさしいね」と言うときには？
It was so sweet of you to do the dishes for me.
（お皿を洗ってくれるなんてとってもやさしいのね）
sweet はここでは「甘い」ではなく、「やさしい」という意味で使われています。
do the dishes は「お皿を洗う」という意味ですね。

- **It was so wonderful of you to call.**（電話をくれて、とってもうれしかったよ）
  wonderful のかわりに sweet や nice なども使えます。
- **How nice of you to cook dinner.**
  （夕食を作ってくれるなんて、なんてやさしいの！）
  How nice of you to... で「…するなんて、あなたはなんてやさしいんでしょう」という感嘆文になります。

②「思いやりがある」と伝えるには？
Oh, honey, you are so considerate.
（あらハニー、すごく思いやりがあるのね）
considerate は「思いやりがある」という意味です。

- **You are such a thoughtful guy.**（あなたってとっても思いやりのある人ね）
  thoughtful も同様に「思いやりがある」という意味で使います。
- **You sure know how to make me feel happy.**
  （どうすれば私をよろこばせられるかわかってるのね）
  ここでの sure は「確かに；ほんとうに」という強調の意味です。

③「やさしいあなたが好き」とほめるには？
I love that about you.（あなたのそういうところが大好きよ）
直訳すると「あなたに関して、そういうところが大好きだ」となります。

- **I love that you are so sweet.**（あなたのとってもやさしいところが大好きよ）

  直訳すると「あなたがとてもやさしいという点が大好きだ」となります。

- **I love having such a warm-hearted man.**

  （こんなに心の温かい人といられてうれしい）

  warm-hearted で「心の温かい」という意味です。

♥ この場面で使えるその他のほめ言葉

❶「…が上手ね」とほめよう！

You are very good with the kids.（子供の世話がとても上手なのね）

この be good with... は、「…の相手をするのが上手」という意味ですね。

- **You are so good at grilling burgers.**

  （ハンバーガーを焼くのがすごく上手ね！）

  be good at -ing... で「…するのが上手だ」という意味のフレーズ。

- **You are the best gardener.**（庭仕事がとても上手ね！）

  gardener は「庭師；庭仕事をする人」の意味。

- **You are amazing at fixing things!**（修理するのがすごく得意なのね！）

  ここでの fix は「修理する」という意味です。

❷「…できてすごい！」と言おう！

It's amazing that you fixed the washing machine!

（洗濯機を直せるなんて、すごい！）

washing machine は「洗濯機」の意味。fix は「修理する」。

- **I'm so impressed that you are able to change car tires.**

  （車のタイヤを取り替えられるなんてさすがだわ）

  be impressed that... は「…ということに感動する；さすがだと思う」という意味。

- I can't believe you made that table!
（そんなテーブルを作れるなんて信じられない！）
I can't believe... で「信じられないほどすごい！」という気持ちが伝わります。

> ### ❸「…してくれてありがとう」と伝えよう！
> **Thank you for taking out the trash.**
> （ゴミを出してくれてありがとう）
> take out the trash は「ゴミを出す」という意味。

- I'm so happy that you made me dinner.（食事を作ってくれてありがとう）
that 以下に相手のやってくれたことを入れて話しましょう。

- I'm so happy that you took the day off.
（お休みを取ってくれてとってもうれしい）
これも上の文と同じ形の文。take the day off は「お休みを取る」という意味。

♥ ボキャブラリー

・人間性をほめるボキャブラリーを増やそう！
thoughtful（思いやりのある）　helpful（助けになる；親切な）
kind（親切な；やさしい）　dependable（頼れる）
generous（寛容な；気前のいい）　talented（才能のある）
responsible（責任感のある）　strong（強い；たくましい）
conscientious（誠実な；まじめな）　trustworthy（信頼できる）
perceptive（洞察力がある）　compassionate（情け深い；思いやりがある）

Column　アメリカの結婚記念日

　　日本と同じように、アメリカでも結婚記念日を祝う習慣があります。ただし、一般によく知られていて盛大に祝う25周年の silver wedding anniversary（銀婚式）と、50周年の golden wedding anniversary（金婚式）を除けば、そのほかはなんの記念日かにはこだわらず、夫婦で好きなように結婚記念日を祝うのがふつうです。

家族をほめよう！

奥さんや夫のやさしさをほめよう！

UNIT 10
支えてくれる夫や妻をほめてあげよう!

こんな言葉でほめてみよう! 　　CD 19

① **You have always been so supportive.**
（君がいつも支えてくれたからね）

② **I believe in you.**
（あなたのこと信じてるわ）

③ **I couldn't have done it without you.**
（君がいなかったらできなかったことだよ）

自分の妻や夫の支えや協力に対して、感謝の気持ちを伝えるほめ言葉はいろいろあります。自分が成功したときに、支えてくれている相手の貢献をほめ、ねぎらいの言葉をかけるのは大切なことですね。

ダイアログでチェックしてみよう!
（仕事がうまくいったと、夫が妻に話しています）

A: Honey, the client liked our proposal. We got the new job!
（ハニー、クライアントが僕らの企画を気に入ってくれたんだ。新しい仕事が取れたんだよ！）

B: Oh Bob, that's wonderful news!
（まあボブ、すごいニュースね！）

A: I think our business is going to be okay.
（僕らの仕事、まあまあうまくいきそうだよ）

B: I always knew it would be! （そうなるだろうってずっとわかってたわ！）

A: You have always been so supportive. …①
（君がいつも支えてくれたからね）

B: I believe in you. （あなたのこと信じてるわ） …②

A: Thanks honey. I couldn't have done it without you. …③
（ありがとう。君がいなかったらできなかったことだよ）

いろんな言い方でほめてみよう！ 🎧 CD 20

① 支えてくれる相手をほめるには？

You have always been so supportive.
（君がいつも支えてくれたからね）

supportive は「支えになる」という意味の形容詞です。ここでは have always been... と現在完了形で「（これまで）ずっと支えになってくれていた」と妻に感謝しています。

- **You're always there for me.**（君はいつも僕のためにここにいてくれる）
  相手がいつも自分の支えになってくれる、頼りにできる、といった意味合いです。
- **I know I can always count on you.**
  （君のことをいつも頼りにできるってわかってるよ）
  count on... は「…を頼りにする」という表現です。
- **You are my biggest supporter.**（君がいちばんの僕の支えだよ）
  「サポーター」はサッカーのチームなどを応援する人を指してよく使われていますが、ここでの supporter は、「支援してくれる人；支え」といった意味です。

② 相手を信じていると伝えよう！

I believe in you.（あなたのこと、信じてるわ）

believe in... で「…を信じる；信頼する」という意味です。相手の能力や成功を信じ、相手を勇気づけるこのような表現を使ってみましょう。

- **I have confidence in you.**（あなたのこと信じてるわ）
  have confidence in... で、believe in... と同様「…を信じる；信頼する」を表します。
- **I know you can do it.**（あなたにはできるって、わかってるわ）
  I know は「わかっている」という意味で、自分の確信を表します。
- **I know that you have what it takes.**（あなたの素質はわかってるわ）
  what it takes で「素質；必要とするもの；必要条件」のこと。ここではなにかをするにあたって必要なものをもち合わせているということを述べています。

支えてくれる夫や妻をほめてあげよう！ 47

③ 相手の貢献をほめるには？

I couldn't have done it without you.
（君がいなかったらできなかったことだよ）
直訳すると「君なしでは、それをすることはできなかっただろう」となります。相手の協力に対して感謝するときの決まり文句ですね。

- **I was able to do it because of you.**（君がいたからできたんだ）
  because of... で「…のせいで；…のおかげで」という意味を表します。
- **I don't think I would have made it without you.**
  （君がいなかったらやり遂げられなかったと思うよ）
  make it で「うまくやる；やり遂げる」という意味です。
- **You are a big reason for my success.**（君がいたから成功したんだよ）
  「君という存在が僕の成功の大きな理由だ」と、自分の成功に対する相手の貢献の重要性を伝える表現になっています。

♥ この場面で使えるその他のほめ言葉

❶「ありがとう」の気持ちを表そう！

Thank you for always being there for me.
（いつも僕のためにいてくれてありがとう）
常日頃、側にいて支えてくれる夫や妻などに言いたい言葉ですね。Thank you for -ing... は「…してくれてありがとう」という意味の決まり文句。

- **Thank you for all that you have done for me.**
  （僕のためにしてくれたすべてのことを感謝しているよ）
  ここでは Thank you for... のあとに名詞を置いて、「…をありがとう」と表現しています。
- **I am grateful for all you do.**（君がしてくれることすべてに感謝しているよ）
  be grateful for... で「…に感謝している」という表現です。

❷「君がいてくれてよかった」と言おう！
I'm so lucky to have you.
（君がいてくれて僕はとてもラッキーだ）

so...（形容詞）to...（不定詞）で「…するなんて、とても…だ」という意味になります。「君がいてくれてラッキーだ」といった表現は、英語ではとてもよく使われますよ。

- **I'm such a lucky guy to have you in my life.**
  （僕の人生に君がいるなんて、僕はなんてラッキーな男だろう）

  such a ...（形容詞＋名詞）to...（不定詞）で「…するなんてとても…だ」という意味になります。

- **I'm so happy to have you in my life.** （君のいる人生で僕はとても幸せだ）

  have you は直訳すると「君をもつことができて」。つまり「君がいてくれて」ということですね。

♥ ボキャブラリー

・夫や妻への呼びかけ表現を覚えよう！
Honey（ハニー）　Sweetheart（スイートハート）　Sweetie（スイーティー）
Dear（ディアー）　Darling（ダーリン）　Hon（ハン）

＊すべて、「かわいい人」とか「愛しい人」といった意味で、愛する夫や妻への呼びかけとして使われています。

Column　家の外での妻や夫の呼称は？

　会社など家の外で、自分の夫や妻を呼ぶ言い方も覚えておきましょう。まず、一般的なのは、my wife（私の妻）、my husband（私の夫）いう言い方。my better half（連れ合い；伴侶）という言い方もします。

　冗談めかした言い方で夫を呼ぶときには、my hubby（うちのだんなちゃま）のような言い方もします。男性が妻を、my boss（うちの上司）と呼んだりすることもあります。

Section 2

友人や同僚をほめよう!

UNIT 11
ファッションやセンスをほめよう!

こんな言葉でほめてみよう!　●CD 21

① **I love your scarf.**
（そのスカーフいいわね）

② **It looks great on you.**
（よく似合ってるわ）

③ **You've got very good taste!**
（あなた、センスがいいのね！）

同僚や友人の新しい洋服などに気づいたときも、どんどんほめてあげましょう。ファッションやセンスをほめる言葉にはいくつか決まり文句がありますので、まとめて覚えてみましょう。

ダイアログでチェックしてみよう!
（友人の新しいスカーフをほめています）

A: **I love your scarf.** …①
（そのスカーフいいわね）

B: **Well, thank you.**
（そう、ありがとう）

A: **It looks great on you. Where did you get it?** …②
（よく似合ってるわ。どこで買ったの？）

B: **My mother gave it to me for my birthday.**
（母が誕生日にくれたのよ）

A: **Your mother has very good taste.**
（お母さんはセンスがいいのね）

B: **Actually, I picked it out.**
（ほんとは、私が選んだの）

A: **Well, then. You've got very good taste!** …③
（あら、そう。じゃあ、あなたのセンスがいいのね！）

いろんな言い方でほめてみよう！ 🎧 CD 22

①「スカーフがすてき」とほめるには？

I love your scarf.（そのスカーフいいわね）
相手の洋服などについて I love...「…が気に入った」という表現は、よく使われるほめ言葉です。

- **That's a lovely scarf.**（すてきなスカーフね）
  lovely は「すてきな」という意味。
- **That's a great-looking scarf.**（すごくすてきなスカーフね）
  great-looking で「見た目がすごくいい」という意味です。

②「似合うね」とほめるには？

It looks great on you.（よく似合ってるね）
look great on...（人）で、「…に似合う」という意味。

- **It really becomes you.**（ほんとに君によく似合ってるよ）
  become... は、ここでは「…に似合う」という意味になります。
- **It goes well with your jacket.**（そのジャケットとよく合うね）
  go well with... は、洋服や料理・お酒などの組み合わせが「…と合う」と言うときに使います。

③ センスのよさをほめるには？

You've got very good taste!（あなたのセンスがいいんだね！）
You've は You have の短縮形。have got で have と同じ「もっている」という意味になります。taste は「センス；趣味」の意味。

- **You know what looks good on you.**（自分に似合うものがわかってるね）
  You know... は「あなたは知っている」が直訳。「心得ているんだね」といった意味合いです。

● You have such nice taste in clothes. (洋服のセンスがとてもいいね)
taste in... で「…のセンス；趣味」。

❶「いつも素敵ね」と言おう！

You always look great. (いつもすてきな格好してるわね)
look great は容姿が「すてきだ」と言うときに使えるほめ言葉です。

● You are always dressed so nicely. (いつもすてきな格好してるわね)
be dressed nicely で「すてきな服装をしている」という意味。

● You look so lovely, as always. (いつものことだけど、すてきな格好ね)
as always は「いつものように」。lovely は女性的な響きの語です。

● You must have a personal stylist!
(専属のスタイリストがいるんじゃないの！)
ここでの must は「…に違いない」という意味の助動詞です。

❷「どこで買ったの？」と聞こう！

Where did you get it? (それどこで買ったの？)
これも一種のほめ言葉ですね。ここでの get は「手に入れる；買う」の意味です。

● Where did you find it? (それどこで見つけたの？)
find は「見つける；見つけ出す」。上の英文と同様のほめ言葉です。

● Where did you find such a great color!
(どこでそんなすてきな色を見つけたの！)
すてきな色のアイテムをこんなふうにほめてみましょう。

❸ 具体的なアイテムをほめよう！
Those earrings are beautiful.（そのイヤリング、きれいね）
ピアスは earrings か pierced earrings と言います。

- **That dress is gorgeous.**（そのドレス、すてきね）
  gorgeous は「すてきな；きれいな；豪華な」という意味。
- **Those shoes are to die for.**（その靴、すごくすてき）
  to die for で「とてもすてきな」という意味の表現になります。「その靴のために死んだってかまわない」といった含みの言い回しですね。

♥ ボキャブラリー

・ファッションのボキャブラリーを増やそう！

extravagant（豪華な）　clean and neat（こざっぱりした）
elegant（エレガントな）　girly（女の子っぽい）
feminine（女性らしい）　urban（都会っぽい）
this spring's fashion item（今年の春の流行アイテム）
this spring's hit item（今年の春のヒットアイテム）
This year's color（今年の流行色）
style that is in vogue（流行のスタイル）
the "it" brand（流行のブランド）
up-and-coming designer（新進気鋭のデザイナー）

・「どこで買い物しているの？」とたずねる表現

ダイアログに出てきた Where did you get it?（どこで買ったの？）というフレーズに似た言い回しをもっと紹介しておきましょう。

Where do you shop?（どこで買い物するの？）
What is it made of?（素材はなんなの？）
Where do you go for bargains?（バーゲンはどこに行くの？）
Where do you shop for shoes?（靴はどこで買ってる？）
Was it expensive?（それ、高かった？）
What brand is it?（それ、どこのブランドなの？）

UNIT 12
相手の容姿をほめてみよう!

こんな言葉でほめてみよう!　　CD 23

① **I wish I had your skin.**
（あなたみたいな肌だったらなあ）

② **Your complexion is perfect.**
（あなたの肌、完璧じゃない）

③ **And you look so young!**
（それにとっても若く見えるわ！）

女同士なら、お肌や体型などの話題は欠かせませんね。友達や同僚の女性の容姿をほめる表現をチェックしておきましょう。

ダイアログでチェックしてみよう!
（友人の容姿をほめている場面です）

A: I wish I had your skin. …①
（あなたみたいな肌だったらなあ）

B: Why?
（どうして）

A: Your complexion is perfect. …②
（あなたの肌、完璧じゃない）

B: Are you kidding? I do not.
（まさか。そんなことないわよ）

A: Yes, you do. You have no wrinkles or pimples. And you look so young! …③
（いいえ、そうよ。しわもにきびもないもの。それにとっても若く見えるわ！）

B: Well, thank you.
（そう、ありがとう）

いろんな言い方でほめてみよう！ 🎵CD 24

①「あなたみたいな肌だったら」とほめるには？

I wish I had your skin.（あなたみたいな肌だったらなあ）

I wish... で「…だったらいいのに」という願望を表す表現になります。wish以下には過去形の文が入ります。

- **I am so jealous of your skin.**（あなたの肌がうらやましいなあ）
  jealous of... で「…がうらやましい」の意味。
- **Can I have your skin?**（あなたの肌、もらえない？）
  これは冗談めかしたほめ言葉ですね。

②「肌がきれいだね」とほめるには？

Your complexion is perfect.
（あなたの肌、完璧じゃない）
complexion は「肌の状態（肌のきめや；つや）」のこと。

- **You have very nice cheekbones.**（頬骨がすてきね）
  cheekbone は「頬骨」。頬骨が出ていてはっきりした輪郭もすてきなものです。
- **You have gorgeous eyes.**（目が、すごくすてき）
  gorgeous は「すてきな」。

③「若く見えるね」とほめてあげよう！

You look so young!（とっても若く見えるわ！）
「若く見える」と言われてうれしくないことは、あまりありませんよね。この表現はぜひ覚えておきましょう。

- **You look at least 10 years younger.**（少なくとも10歳は若く見えるわ）
  at least で「少なくとも」の意味です。
- **You look as young as your daughter.**（私の娘と同じくらい若く見えるわ）
  as...（形容詞）as...（名詞）で「…と同じくらい…だ」と表現しています。

この場面で使えるその他のほめ言葉

❶「スタイルがいいね」と言おう!
You have a wonderful figure.（スタイルがいいわね）
figure は「体型；スタイル」。体型を表すのに style は使いません。

- **How do you stay so slim?**（どうやったらそんなスリムでいられるの?）
  stay...（形容詞）で「…でいる；…の状態を続ける」という意味。
- **You've got a very nice body shape.**（スタイルがとってもいいわね）
  body shape も figure と同様、「体型；スタイル」のことです。

❷「有名人にそっくりね!」と言おう
You look just like Marilyn Monroe.
（マリリン・モンローにそっくりね）
look just like... で「…にそっくりだ」という意味になります。

- **You look like Sharon Stone, but younger.**
  （シャロン・ストーンに似てるわね、あなたのほうが若いけど）
  「…に似ているけど、あなたのほうが若く見えてもっといい」というほめ言葉です。
- **Your lips are just like Angelina Jolie's.**
  （唇がアンジェリーナ・ジョリーにそっくりね）
  just like... で「…にそっくりな」となります。

❸ 髪など、スタイルの仕方をほめる
I love your haircut.（そのヘアスタイルいいわね）
haircut は「髪のカット（の仕方）」の意味です。

- **I love how you shape your eyebrows.**（その眉の整え方、いいわね）
  eyebrows は「眉毛」の意味で、複数形で使います。

● **That eyeliner looks amazing on you.**
（そのアイラインとってもよく似合ってるわ）

eyeliner は「アイライン；アイライナー」のことです。eyeline という言葉は使いません。

ボキャブラリー

・よく使う美容関連のボキャブラリー

my regular beauty salon（行きつけの美容院）
cosmetics that I use（使っている化粧品）
my favorite shampoo（お気に入りのシャンプー）
the skin lotion that I recommend（おすすめのスキンローション）
the best lipstick ever（いままででいちばんの口紅）

・お肌のお手入れの英語と化粧の英語

apply make up（お化粧する）
put on lipstick（口紅をつける）
pluck my eyebrows（眉を整える）
　＊pluck は「引き抜く」という意味の語。
get plenty of sleep（十分な睡眠を取る）
　＊get one's beauty sleep（美の睡眠を取る）とも言います。
care for one's skin using…（…を使って肌のお手入れをする）
apply a facial mask（顔をパックする）
steam my face（顔にスチームをあてる）

Column　女性の容姿をほめるとき、男性はご用心

　男性が女性の容姿をほめるのは、おすすめできません。You have a nice figure.（いい体型だね）などと、相手の体の形に男性が言及するのは、セクハラにあたりますから要注意です。

　このほか、女性の body shape（体型）、skin（肌）、complexion（お肌のきめ）などに言及するのは、男性は控えておいたほうがいいでしょう。Nice haircut!（いいヘアカットだね）くらいなら、まあ問題はないでしょう。

UNIT 13

体型やダイエットをほめてみよう!

こんな言葉でほめてみよう!

● CD 25

① **You lost weight!**
（やせたわね！）

② **You must have tried a very good diet.**
（すごくいいダイエットをしたに違いないわね）

③ **You look like an entirely new person!**
（まるで別人みたいね！）

ダイエットに成功した友人をほめる表現にはどんなものがあるでしょうか？ 単に You lost weight! というだけでもほめ言葉になりますが、ルックスがどのように変わったか具体的にほめてあげるのもいいですね。

ダイアログでチェックしてみよう!

（久しぶりに会った友人が、ダイエットに成功したことをほめている場面です）

A: **Long time, no see!**
（久しぶりね！）

B: **Look at you! You lost weight!** …①
（すごいわ！ あなたやせたわねー！）

A: **I lost 10 pounds.**
（10 ポンドやせたの）

B: **Wow. You must have tried a very good diet.** …②
（わあ。すごくいいダイエットをしたに違いないわね）

A: **Yes. It's a popular weight-loss plan.**
（ええ。人気の減量プログラムなの）

B: **Is it?** （そうなの？）

A: **Yeah. It's great. It's very easy to stick to.**
（ええ。すごいのよ。続けるのがとってもかんたんなの）

B: **You look like an entirely new person!** …③
（まるで別人みたいね！）

いろんな言い方でほめてみよう！ 🎵 CD 26

① 「やせたね」と言おう！
You lost weight!（やせたわね！）
lose weight で「減量する；やせる」を表します。

- **You have gotten so slim.**（とってもスリムになったわね）
  slim は「スリムな；ほっそりした」の意味。
- **You look so much skinnier.**（ずいぶんほっそりしたわね）
  skinny は「やせこけた；ガリガリの」がもとの意味。slim（スリムな）と同じ意味合いで使えますよ。
- **You've slimmed down.**（スリムになったわね）
  slim down も「やせる；減量する」の意味です。

② ダイエット法をほめるには？
You must have tried a very good diet.
（すごくいいダイエットをしたに違いないわね）
日本語で言う「ダイエット」は減量そのものを指す場合がありますが、本来 diet は「食餌療法；食餌制限」のことです。

- **Your weight-loss plan must have suited you very well.**
  （あなたの減量プログラムは、とってもあなたに合ってたのね）
  suit... は「…に合う；適する」という意味。
- **You must have worked very hard to lose weight.**
  （減量、ずいぶんがんばったのね）
  ここでの must は「…に違いない」という意味。
- **I guess you discovered an effective weight-loss program.**
  （効果的な減量プログラムを見つけたんでしょうね）
  effective は「効果的な」の意味。

③「別人みたい」と言おう!
You look like an entirely new person!
(まるで別人みたいだね!)
entirely は「すっかり」の意。

- **You must feel like a new man!**(別人になったような気分でしょう!)
  feel like... で「…のような気分だ」の意味です。
- **I hardly recognized you!**(君だって、わからないくらいだったよ!)
  hardly は「ほとんど…ない」、recognize は「…だとわかる;見分けがつく」という意味です。
- **It's a whole new you!**(まったく新しい君だね!)
  whole new で「まったく別の;まったく新しい」という意味。

♥ この場面で使えるその他のほめ言葉

❶「すごく調子いい」と言おう!
I feel great.(すごく調子いいんだ)
feel great で「いい気分だ;調子がいい」という意味合いになります。ダイエットの効果を話すときに使ってみましょう。

- **I have so much energy.**(元気いっぱいだよ)
  energy は「エネルギー;活力」。
- **I feel so much younger.**(ずっと若くなった感じがするよ)
  so much で「前よりずっと」と強調しています。

❷「すてきよ」と言おう！

You look amazing.（とってもすてきよ）
amazing は「すてきな；すばらしい」の意味。これは、相手の体型や容姿をほめている表現ですね。

● **You look fabulous.**（とってもすてきよ）
fabulous は「とてもすばらしい」という感じで、かなりのほめ言葉になります。fabulous は、アメリカではやや女性的な言い回しなので、男性は使用を避けたほうがいいでしょう。

● **You look so much healthier.**（ずっと健康的に見えるわ）
healthier は healthy の比較級。

● **You should become a model.**（あなた、モデルになるべきよ！）
should... は「…したほうがいい；…するべきだ」という意味。

♥ ボキャブラリー

・ダイエットのボキャブラリーを増やそう！

be on a diet（ダイエット中だ）
be on a no-carb diet（炭水化物抜きのダイエット中だ）
try the Atkins diet（アトキンスダイエットを試す）
stay on a diet（ダイエットを続ける）
go off one's diet（ダイエットをやめる）
rebound（リバウンドする）
exercise everyday（毎日エクササイズする）
cut calories（カロリーを控える）
avoid fatty foods（脂っこい食べ物を避ける）
stay away from sweets（甘い物を控える）
not eat late at night（遅い時間には食べない）
be sure to eat plenty of fruits and vegetables（野菜や果物をしっかり食べる）

UNIT 14
相手のフィットネスをほめよう!

こんな言葉でほめてみよう!　CD 27

① **You have endurance!**
（持久力があるわね！）

② **You have very nice form.**
（フォームもとてもきれいだね）

③ **You look great!**
（かっこいいわ！）

このユニットでは、友人のフィットネス、つまり、運動能力や体力、持続力などを称賛する表現を見ていきましょう。ジムに通う人が多いアメリカ人とのコミュニケーションでは、これらのほめ言葉がきっと役に立ちますよ。

ダイアログでチェックしてみよう!
（プールで何往復も泳いでいた友人をほめている場面）

A: **How many laps did you do?**
（何往復したの？）

B: **Oh, about twelve.**
（ああ、12回くらいかな）

A: **Wow. You have endurance!** …①
（わあ。持久力があるのね！）

B: **I swim regularly.**
（定期的に泳いでいるからね）

A: **You have very nice form.** …②
（フォームもとてもきれいだね）

B: **Thanks.**（ありがとう）

A: **And you look great!** …③
（それにかっこいいわ！）

いろんな言い方でほめてみよう！

CD 28

① 体力や持久力をほめるには？

You have endurance!（持久力があるのね！）
endurance は「持久力」。シンプルなほめ方ですが、これでも十分に伝わります。

- **You are so strong.**（すごく強いね）
  strong は「体が強い；強靭な」という意味。ここでは体力的な強さをほめています。
- **You have so much energy.**（すごいエネルギーがあるね）
  energy は「エネルギー；活力」の意味。
- **You have great stamina.**（すごくスタミナがあるね）
  stamina は「スタミナ；持久力」ですね。

② 泳ぎをほめるには？

You have very nice form.
（フォームもとてもきれいだね）
form はここでは「（泳ぎの）フォーム」の意味。スポーツのときの姿勢をほめるときにどんどん使いましょう。

- **You have a very good sense of balance.**（バランス感覚がすごくいいね）
  sense of balance で「バランス感覚」という意味。
- **Your strokes/swings/kicks are very powerful.**
  （ストローク／手の振り／キックがすごく力強いね）
  powerful は「パワーがある；力強い」という意味ですね。
- **You are so flexible.**（柔軟性があるね）
  flexible は「柔軟性がある」の意。

③ 体型などをほめるには

You look great!（かっこいいね！）
この場合のように、スポーツしている人の外見をほめる決まり文句です。

- **You look very fit.**（引き締まった体だね）
  fit は「（体が）引き締まった；鍛えられた」の意味。
- **Your body is so toned.**（体が引き締まってるね）
  toned も fit 同様に「（体が）引き締まった」という意味で使えます。
- **You have an athletic figure.**（アスリートみたいな体型だね）
  athletic は「運動選手のような；強健な」。figure は「体型」のことを指します。

💛 この場面で使えるその他のほめ言葉

❶「エネルギーがあるね」とほめよう！
You seem so full of energy.（エネルギーにあふれているみたいだね）
full of... は「…にあふれた」。

- **What vitality you have!**（なんてバイタリティがあるんだろう！）
  vitality は「バイタリティ；活力」の意味。
- **You are so energetic.**（すごくエネルギッシュだね）
  energetic は「エネルギッシュな；精力的な」という意味です。

❷ 根気をほめよう！
I admire your diligence.（君の不断の努力には恐れ入るよ）
admire は「称賛する；感服する」を、diligence は「勤勉さ；不断の努力」を表します。

- **It's great that you have kept it up.**
  （ずっとがんばり続けてるのがすごいね）
  keep it up は「ずっと続ける；がんばり続ける」の意味です。
- **You have such willpower.**
  （すごい気合があるね）
  willpower は「意志力；気合」の意味。

ボキャブラリー

・運動能力のボキャブラリーを増やそう！

have great coordination（運動神経がいい）
have endurance（持久力がある）
be very quick（瞬発力がある；素早い）
have muscle strength（筋力が強い）
have a lot of power（パワーがある）
have excellent jumping skills（ジャンプがうまい）
have a good sense of balance（バランス感覚がいい）
can kick（キックがうまい）
can catch（キャッチがうまい）
dribble well（ドリブルがうまい）
be excellent at passing（パスがうまい）
be very good at shooting（シュートがうまい）
be a superb pitcher（投球がうまい）
have a great shoulder（肩がいい）

Column　ジム通いが大好きなアメリカ人

　アメリカで人気のスポーツにも、いろいろありますが、日々の健康のためにとジムに通う人は特にたくさんいます。日本のジムと同様、筋トレやランニングマシーンなどのエクササイズがメインです。最近はヨガが大人気で、いろんなタイプのヨガ教室ができています。ジョギングは相変わらず人気で、街のあちこちで見かけます。

UNIT 15
家や内装をほめてあげよう!

こんな言葉でほめてみよう!　CD 29

① **What a beautiful house!**
（なんてきれいなお家！）

② **I love the layout.**
（間取りがいいわね）

③ **You did a great job with the interior decorating.**
（内装をすてきに仕上げたのね）

友人の家に招かれたら、家そのものや内装について感想を述べたりほめたりするのがふつうですね。このほか、間取りをほめる表現などもいっしょに見ていきましょう！

ダイアログでチェックしてみよう!
（招待された友人の家をほめています）

A: What a beautiful house!　…①
（なんてきれいなお家！）

B: Thank you.
（ありがとう）

A: I love the layout.　…②
（間取りがいいわね）

B: Thanks. We designed it ourselves.
（ありがとう。自分たちで設計したんだよ）

A: You did a great job with the interior decorating, too.　…③
（内装もすてきに仕上げたのね）

B: Thanks.
（ありがとう）

① 家全体をほめるには？

What a beautiful house!（なんてきれいなお家！）
感嘆文でシンプルに気持ちを表現しましょう。

- **Your home is so spacious.**（とっても広々したお家ね）
  spacios は「広々とした」の意味。
- **Your home is so warm and inviting.**（とっても温かくて感じのいいお家ね）
  inviting は「感じのいい」を表します。inviting は「招くような」という意味から転じて、「感じのいい；魅力的な；快適な；居心地のいい」といったニュアンスで使われています。

② 家の中を具体的にほめるには？

I love the layout.
（間取りがいいわね）
layout は「設計；間取り」の意味です。

- **I love the living room.**
  （リビングルームがいいわね）
  living room を furniture（家具類）、artwork（美術品；工芸品）、carpet（カーペット）などの語句と入れ換えてほめてみましょう。
- **I'm so fascinated by your kitchen.**（キッチンがとってもすてきね）
  be fascinated by... で「…に魅了される」、つまり「…がとってもすてきだと思う」と、気持ちを込めて伝えています。

③ 家の内装をほめるには？

You did a great job with the interior decorating.
（内装をすてきに仕上げたね）
do a great job with... で「…に対していい仕事をする」の意味。

- You picked a great color for the wall in this room.
  （この部屋の壁、すてきな色を選んだね）
  ここでの pick は「選ぶ」の意。
- I love what you did in the bathroom.（バスルームの内装がいいね）
  what you did は「あなたが（内装などで）施したこと」という意味。
- The house is beautifully decorated.（家の装飾がきれいだね）
  beautifully は「美しく」、decorated は「装飾された」という意味。

♥ この場面で使えるその他のほめ言葉

❶「うらやましい」と言おう！
Boy, I wish I had a house like this!
（わあ、僕の家もこんなのだったらなあ！）
この boy は感嘆詞で「わあ」といった意味ですね。

- I cannot wait to get a house of my own.
  （自分の家を買うのを待ちきれない）
  ここでの get は「手に入れる；買う」という意味です。
- Can I come and live with you?（ここに来ていっしょに住んでもいい？）
  「いっしょに住みたいくらいすてきな家だ」とほめています。

❷「リフォームがすてき」と言おう！
The remodel is gorgeous.
（すばらしいリフォームですね）
remodel は「（家の）リフォーム」の意味。英語では、reform とは言わないので注意してください。

- The new addition to the house is beautiful.（増築したところがすてきね）
  addition は「追加物」つまりここでは「増築部分」を意味します。
- Your house looks brand-new!（新築の家みたい！）
  brand-new は「真新しい」という意味です。

❸ 庭や花をほめよう！

You have a beautiful front yard.（前庭がすてきですね）
front yard は「前庭」。「裏庭」は backyard と言います。

- **Your garden is so colorful.**（お庭がカラフルですね）
  colorful は「色彩豊かな」。花々であふれた庭は、このようのほめるといいですね。
- **I love all the plants in your garden!**
  （お庭の植物がみんなすてきですね！）
  plant は「植物」の意味。

♥ ボキャブラリー

・家をほめるフレーズのいろいろ
beautiful vase（きれいな花瓶）
gorgeous chandelier（豪華なシャンデリア）
lovely wall decoration（すてきな壁飾り）
a Monet print（モネの複製画）
spacious patio（広々したテラス）
a window with a great view（景色のいい窓辺）
beautiful garden（美しい庭）
modern kitchen（最新のキッチン）
handicap-accessible bath（バリアフリーの浴室）

Column　DIY で家をよみがえらせるアメリカ人

　アメリカの人たちは、何十年も前に立てられた古い家を大切にし、自分で内装をきれいにすることを好みます。古い家を購入し、自分でペンキや壁紙を張り替えたり、人によっては床や屋根を張り替えることまでします。いわゆる DIY ですね。
　部屋のインテリアもカラーコーディネートなどしながら楽しみ、そして友達を家に招待します。自分で手がけた部屋を胸を張って見てもらうのが彼らの大きな楽しみなのです！

UNIT 16
相手のやさしい気持ちをほめよう!

こんな言葉でほめてみよう! 　CD 31

① **This has been very helpful.**
（ええ。こうして話せてとっても助かってるの）

② **You are so right about what you said.**
（あなたの言ったことはまったくそのとおりなのよ）

③ **What would I do without you?**
（あなたがいなかったら、なにもできなかったわ！）

相談にのってくれた友人には、感謝の気持ちを込めたほめ言葉を返しましょう。「相手の話してくれたことがとても役に立った」、あるいは「あなたがいなければどうなっていたか」といった内容がふさわしいですね。

ダイアログでチェックしてみよう!
（相談にのってくれた友人との会話）

A: I'm not sure if any of my advice helps, but...
（僕のアドバイスが、役に立つかわからないけど・・・）

B: No, no. I'm really glad I had a chance to talk to you about it.
（役に立つわよ。あなたと話すチャンスがあってほんとによかったわ）

A: Are you feeling any better?（気分はよくなってきた？）

B: Yes. This has been very helpful. …①
（ええ。こうして話せてとっても助かってるの）

A: I'm so glad.（それならよかった）

B: You are so right about what you said. …②
（あなたの言ったことはまったくそのとおりなのよ）

A: I'm glad I could help.（役に立ててうれしいよ）

B: What would I do without you? …③
（あなたがいなかったらなにもできなかったわ！）

いろんな言い方でほめてみよう！ 🔴CD 32

① 相手の助力に感謝するには？
This has been very helpful.（とっても助かってるの）
helpful は「役に立つ」という意味。

- **This is great help.**（すごく助かるわ）
  be great help は「大いに助かる」という表現です。help は「手助け」。
- **This helps me so much.**（とっても助かるわ）
  「これが私を大いに助けてくれる」つまり「これのおかげで大いに助かる」ということです。

②「あなたのアドバイスは的確だ」とほめるには？
You are so right about what you said.
（あなたの言ったことはまったくそのとおりなのよ）
right は「正しい」という意味ですね。

- **You know what you're talking about.**
  （あなたは自分が話していることをちゃんとわかってるわ！）
  相手が妥当なことを言っている、という含みのフレーズです。
- **You are probably right.**（おそらくあなたの言うとおりよ）
  probably は「おそらく」。maybe や perhaps より確率の高いことを言うときの表現です。

③ 友達の存在に感謝するには？
What would I do without you?
（あなたがいなかったら、なにもできなかったわ！）
直訳すると「あなたなしでなにができたでしょう？」ですが、反語的に「あなたなしではなにもできなかっただろう」という意味になります。

- **I'm so glad I have you (as my friend).** (あなたが友達でとてもよかったわ)
その人が友達でいてくれたことに感謝する表現です。
- **Thank goodness I have you.** (あなたがいてよかった)
Thank goodness... は「…でよかった」という意味。

♥ この場面で使えるその他のほめ言葉

> **❶「聞き上手だね」と言おう！**
> **You are such a good listener.** (聞き上手だね)
> good listener は、ここでは「聞き上手」のこと。

- **You know how to listen to people.** (人の話を聞くのがうまいね)
「あなたは人の話の聞き方がわかっている」、すなわち「人の話を聞くのが上手だ」ということになります。
- **You are so attentive.** (君は人の話をよく聞いてくれるね)
attentive は「気を遣う；人の話をよく聞く」といった意味です。

> **❷「思いやりがあるね」と言おう！**
> **You are so caring.**
> (とっても思いやりがあるね)
> caring は「思いやりがある；面倒見がいい」という意味の語。

- **You have such compassion.** (とっても思いやりがあるね)
compassion は「思いやりがある；慈悲がある」という意味です。
- **You are so sensitive to other people's feelings.**
(ほかの人の気持ちによく気がつくね)
sensitive to... は「…に敏感な」。

❸「洞察力があるね」と言おう!
You are so insightful.（とても洞察力があるね）
insightful は「洞察力がある」の意味。

- **You have such insight on things.**（物事の本質を見る力があるね）
  insight は「洞察力；本質を見抜く力」。things は「物事；事情」を表します。
- **You know how to look at things deeply.**
  （物事を深く見る術を知っているね）
  deeply は「深く」の意味。

♥ ボキャブラリー

・悩み事のボキャブラリーを増やそう!
relationship problems（恋の悩み問題）
work-related issues（仕事上の悩み）
problems at home（家庭での悩み事）
marital issues（夫婦間の問題）
worries about raising kids（子育ての悩み）
friendship issues（友人関係の悩み）
problems at school（学校での問題）
interpersonal relationship issues（人間関係の悩み）
health problems（健康上の問題）

Column 相談好きなアメリカ人

　社会的な地位や立場、あるいは暮らしている地域にもよりますが、アメリカ人は概して、自分の悩みを打ち明けるのにおおっぴらです。
　自分の人間関係のこと、家庭のこと、夫婦のこと、過去に虐待を受けたこと。そういった悩み事や身の上話を、初対面の人にもする人がけっこういます。
　いきなり深刻な話を切り出されても、驚かないようにしてくださいね。

UNIT 17
相手の夢やビジョンをほめよう!

こんな言葉でほめてみよう!　CD 33

① **I think that's a great idea.**
（それはいい考えだと思うよ）

② **Your business will help many people.**
（あなたのビジネスは多くの人の役に立つよ）

③ **I think you have what it takes to do it.**
（そのビジネスに必要なものを、あなたはもっていると思う）

友人の夢を聞いたら、どのような表現でほめたり励ましたりすればいいでしょうか？励ましの決まり文句もチェックしておきましょう。

ダイアログでチェックしてみよう!
（友人が語る将来の夢を聞き、それをほめている場面です）

A: So that's why I want to start this new business.
（そういうわけでこの新しいビジネスを始めたいんだ）

B: I think that's a great idea. …①
（それはいい考えだと思うな）

A: Do you think so?
（そう思うかい？）

B: Yes. Your business will help many people. …②
（うん。あなたのビジネスは多くの人の役に立つだろうし）

A: Yeah. That's my main reason for doing it.
（ああ。それがこのビジネスをやろうと思うおもな理由なんだよ）

B: And I think you have what it takes to do it. …③
（それにそのビジネスに必要なものを、あなたはもっているな）

A: I'm glad you think so.
（そう思ってくれてうれしいよ）

いろんな言い方でほめてみよう！ 🎵CD 34

① いい考えだとほめるには？
I think that's a great idea.（それはいい考えだと思うよ）
相手の考えに「いい考えだね」と賛同するシンプルな表現です。

- **That sounds like an excellent path for you.**
  （あなたにとって絶好の道だと思うな）
  excellent「すばらしい；優れた」は、かなりのほめ言葉になります。path は「道；軌道」。
- **I believe it's a fantastic plan.**（すごくいい計画だと思うわ）
  fantastic も「とてもすばらしい」という意味で最高のほめ言葉です。
- **It's a brilliant undertaking.**（それはすばらしい取り組みね）
  brilliant も「とてもすばらしい」という意味で最高のほめ言葉です。undertaking は「取り組み；事業」の意味。

② 相手の夢をほめるには？
Your business will help many people.
（あなたのビジネスは多くの人の役に立つわよ）
相手の夢が、具体的にどう優れているのか、伝えましょう。

- **Your dream will benefit a lot of people.**
  （あなたの夢は多くの人に恩恵をもたらすわ）
  benefit は「利益をもたらす；恩恵をもたらす」の意味。
- **You will touch many people in a positive way.**
  （いい意味で多くに人に影響を与えるでしょうね）
  touch は「影響を与える；感動させる」の意味。in a positive way は「いい意味で」。
- **You will be able to help people in need.**
  （あなたは困っている人の役に立つことができるわ）
  in need は「困っている；困窮している」の意。

③ 相手に夢の実現能力があると言うには？
I think you have what it takes to do it.
（そのビジネスに必要なものを、あなたはもっていると思うな）
what it takes to... で「…するのに必要なもの」という意味になります。

- **I have confidence that you will achieve your goal.**
  （あなたが目標を達成すると信じてるわ）
  achieve は「達成する」、goal は「ゴール；目標」。
- **I have no doubt that you'll make it.**
  （あなたが成功するのは間違いないわよ）
  make it は「うまくやる；成功する」の意味。
- **I am sure you will realize your dream.**
  （あなたが夢を実現するって信じてるよ）
  realize は「実現する」の意。
- **You can do it!**（あなたになら、できるわよ！）
  相手の能力をほめるストレートな表現です。

♡ この場面で使えるその他のほめ言葉

❶「応援してるよ」と言おう！
You have my support.（応援してるよ）
support は「応援」。直訳すると「君には僕の応援がある」、つまり「僕は君を応援している」ということです。

- **I'll be rooting for you.**（応援してるよ）
  root for... で「…を（熱心に）応援する」という意味です。
- **I'm behind you all the way.**（いつも応援してるよ）
  be behind... は「…を応援している」という意味のフレーズ。

❷「がんばってね」と言おう！

Good luck.（がんばってね）
「がんばって」というときの決まり文句です。luck は「運」。

- **Go for it.**（がんばってね）
「がんばってやってごらん」といったニュアンスです。
- **Go get'em!**（いけいけ！）
Go get them! を短縮したもので、「いけいけ！」とスポーツなどで応援するような感じの表現です。

♥ ボキャブラリー

・いろいろな夢のボキャブラリーを増やそう！

become successful（出世する）
go independent（独立する）
become the president（社長になる）
live for one's hobbies（趣味に生きる）
get honors at school（学業で優秀な成績を修める）
create a happy family（幸せな家庭をつくる）
live happily married life（幸せな夫婦生活を送る）
lead a luxurious retired life（優雅な引退生活を送る）
be a free spirit（好きなように自由に生きる）

Column 夢は必ず実現できる！

アメリカ人は、夢をとても大事にする人たちです。夢に関するウォルト・ディズニーの言葉を少し紹介してみましょう。

・The special secret of making dreams come true can be summarized in four C's. They are Curiosity, Confidence, Courage, and Constancy.
（夢を実現する秘訣は4つのCに集約できる。Curiosity［好奇心］、Confidence［自信］、Courage［勇気］、Constancy［継続］の4つである）

・All our dreams can come true, if we have the courage to pursue them.
（夢を追い求める勇気をもてば、すべての夢は実現できる）

UNIT 18 相手の才能をほめてみよう!

こんな言葉でほめてみよう! CD 35

① **What a beautiful bedspread!**
（なんてすてきなベッドカバーなの！）

② **It is so well done.**
（とってもよくできてるわね）

③ **You are multi-talented.**
（多才なのね！）

友人の作ったものを見せてもらったりしたときには、その出来栄えや友人の才能をほめてあげましょう。相手のいいところをほめることで、会話がどんどん弾んでいきますよ。

ダイアログでチェックしてみよう!
（家を案内してくれている友人のベッドカバーをほめている場面です）

A: **And this is our bedroom.**
（ここが私たちの寝室よ）

B: **What a beautiful bedspread!** …①
（なんてきれいなベッドカバーなんだろう！）

A: **Thanks. I made it.**
（ありがとう。自分で作ったの）

B: **You did? That's amazing. It is so well done.** …②
（ほんと？ それはすごい。とってもよくできてるね）

A: **Thank you.**
（ありがとう）

B: **I know you sew clothes and do pottery too. You are multi-talented!** …③
（君が服を作ったり陶芸をしたりするのも知ってるよ。多才なんだね！）

A: **I enjoy doing all of them.**
（どれもみんな楽しいのよ）

♥ いろんな言い方でほめてみよう！　　CD 36

①「すてきな…だね」とほめるには？
What a beautiful bedspread!
（なんてすてきなベッドカバーなの！）
感嘆文は気持ちを込めて言ってみましょう。

- **What a cool vase!**（すてきな花瓶ね）
  vase は「花瓶」の意。
- **This is an impressive painting.**（印象的な絵ね）
  impressive は「印象的な；見栄えのする」を表します。
- **That is a great photo of you.**（すてきなあなたの写真ね）
  photo は「写真」。picture も使えます。

② 出来栄えをほめるには？
It is so well done.（とってもよくできてるね）
この well-done は形容詞で、「よくできた；いい出来栄えの」という意味です。

- **You did a beautiful job.**（きれいに作ったね）
  beautiful を good などに変えてもほめ言葉になります。
- **It looks as if it was professionally done.**（プロがやったみたいに見えるよ）
  professionally は「プロの手によって」という意味。
- **It's a beautiful piece.**（すてきな作品だね）
  piece は絵などの「作品」を指しています。

③ 才能をほめるには？
You are multi-talented.（多才なんだね！）
muti-talented は「多才な」の意味。

- **You have such versatility.** (すごく多才だね)
  versatility は「多才」を表します。
- **You can do so many things.** (ずいぶんいろんなことができるんだね)
  こちらも多才さをほめる表現です。
- **You have all kinds of talent.** (君にはあらゆる才能があるね)
  なんでもよくできる、と友人をこのようにほめてみましょう。all kinds of... は「あらゆる種類の…」の意。

♥ この場面で使えるその他のほめ言葉

❶ どうやってやったのか聞こう！
How did you do that? (それどうやってやったの？)
どうやってやったのか聞くことで、自分が感心したことを表せます。

- **How did you make it?** (それどうやって作ったの？)
  上の例文と同様です。make it は「それを作る」。

❷「レベルが高い」と言おう！
You're much better than any of the rest of us.
（私たちのなかでだれよりも上手だね）
than any of the rest of us で「私たちのなかでだれよりも…」となります。

- **You're in another league.** (君はレベルが違うね)
  be in another league は「レベルが違う；比較にならない」という意味。直訳は、「別のリーグにいる」ですね。

❸「見とれちゃう」と言おう！

I can't stop looking at it.（見とれちゃうわ）
直訳すると「それを見るのをやめられない」、つまり見ずにはいられないほど魅力があるということ。

- **I'm mesmerized by it.**（とりこになっちゃうわ）
  be mesmerized by... で「…のとりこになる」という意味。
- **It draws me in.**（引き込まれるわ）
  draw in... は「…（人）を引き込む」という意味です。

♥ ボキャブラリー

・才能をほめる言い回しを増やそう！

You sew so well!（裁縫の才能があるね！）
You are an amazing cook!（料理がすごく上手だね！）
Your sense of taste is incredible!（すばらしい味覚ね！）
You have a superb sense of aesthetics!（美的感覚が優れているね！）
You have an ability to create beautiful designs.
（美しいデザインができるセンスがあるね）
You have the knack for speaking English.（英会話の才能があるね）
You have excellent athletic abilities.（運動神経がすばらしいのね）
You are good at interacting with people.（人と接するのが上手だね）
You are a great conversationalist.（すごい会話上手だね）
You have a good ear for music.（音感がいいんだね）
You are a talented gardener.（庭仕事の才能があるね）

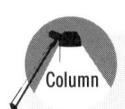

Column 遅咲きの才能も称賛される国

　アメリカでは、自分の才能を生かして仕事をしている人は、特に尊敬されます。自分の才能を生かしたいと方向転換する人は、その人がいくら年を取っていても称賛されるのです。
　例えば、Danny Aiello（ダニー・アイエロ）は40歳で俳優に、Grandma Moses（グランマ・モーゼス）は70代で画家に転身しました。
　そのほか、Al Jarreau（アル・ジャロウ）は38歳でファーストアルバムを発売。Laura Ingalls Wilder（ローラ・インガルス・ワイルダー）は40代でコラムニストになり、60代で「大草原の小さな家」のシリーズを書いたのです。

UNIT 19
夢を実現した人をほめてあげよう!

こんな言葉でほめてみよう! 　　CD 37

① **Congratulations!**
（おめでとう！）

② **You are such a hard worker.**
（とても勉強熱心だものね）

③ **I knew you could do it.**
（あなたならできるとわかっていたわ）

だれかが昇進したり試験に合格したといったおめでたいシーンには、どのようなほめ言葉がふさわしいでしょうか？　このユニットでは、「おめでとう」「乾杯」といった表現もいっしょにチェックしていきます。

ダイアログでチェックしてみよう!
　　（働きながら資格を取った彼氏との会話）

A: I did it! I passed the bar exam!
　　（やったよ！　司法試験に合格したんだ！）

B: That's great! Congratulations!　…①
　　（すごいわ！　おめでとう！）

A: Thanks.（ありがとう）

B: You are such a hard worker.　…②
　　（とても勉強熱心だものね）

A: It was a lot of work, I'll admit.
　　（けっこう大変だったよ、正直言ってね）

B: I'm so proud of you.（とても誇りに思うわ）

A: Thanks.（ありがとう）

B: I knew you could do it.　…③
　　（あなたならできるとわかっていたわ）

いろんな言い方でほめてみよう！　🅾CD 38

①「おめでとう」と言うには？
Congratulations!（おめでとう！）
Congratulations! は人の幸せな出来事や成功などを祝う言葉です。

- **Congratulations for getting the job!**（仕事を手に入れておめでとう！）
  Congratulations for -ing... で「…しておめでとう」という意味です。
- **Congrats on your promotion.**（昇進おめでとう）
  Congrats! は Congratulations! の短縮形。

②「よくがんばった」とほめるには？
You are such a hard worker.
（とても勉強熱心だものね）
hard worker は「働き者；努力家」という意味で、仕事についても勉強についても使えます。

- **You worked so hard for that.**（そのためにすごくがんばったものね）
  ここでの work は「努力する」といった意味合いになります。
- **You have such determination.**（強い決意があるものね）
  determination は「決意」という意味。

③「あなたならできると思っていた」と言おう！
I knew you could do it.（あなたなら、できるとわかっていたわ）
I knew と過去の文になっているのに合わせて、can の過去形 could を使っています。

- **I had no doubt you'd pull it off.**（君ならうまくやれるって信じてたよ）
  have no doubt は「確信している」、pull off は「うまくやる」の意味。you'd は you would の短縮形です。

- **I was positive you'd pass.**（君なら合格するって信じてたよ）
  be positive で「確信している」、pass はここでは「合格する」という意味。

♥ この場面で使えるその他のほめ言葉

❶「よかったね」と言おう！
I'm so happy for you.（よかったね、僕もうれしいよ）
相手にいいことがあり、自分もうれしい、と言うときに使います。

- **That's wonderful.**（それはよかったね）
  シンプルな表現でもほめ言葉になります。
- **That's such great news.**（それはすごくいいニュースだね）
  いい知らせを聞いたときに言ってみましょう。

❷ 相手の気持ちを想像しながらほめよう！
You must be very proud of yourself.
（すごく自分が誇らしいでしょう）
be proud of oneself は「自分を誇らしく思う」という意味。英語独特のほめ方ですね。

- **I'll bet you are elated beyond measure.**
  （天にも昇る気持ちだろうね）
  elated は「高揚した」、beyond measure は「際限なく」という意味です。
- **You must be on cloud nine.**（昇天した気分でしょう）
  on cloud nine は「よろこびに酔いしれて」という意味になるフレーズ。

❸「成功に乾杯」と言おう！

Cheers to your success!（君の成功を祝して乾杯！）

Cheers to...! で「…に乾杯！」となります。To your success. Cheers! のように言うこともできます。

- **Here's to your achievements!**（君の功績に乾杯！）

  Here's to...! も「…に乾杯!」という意味。achievement は「達成：業績」の意。

- **Let's drink to your success!**（君の成功に乾杯！）

  Let's drink to...! も「…に乾杯!」という表現です。

♥ ボキャブラリー

・よく使われる資格・職業の略語を覚えよう！

MSW = medical social worker（医療ソーシャルワーカー）
ATT = attorney at law（弁護士）
CPA = certified public accountant（公認会計士）
DDS = dentist（歯科医）＊本来は、Doctor of Dental Surgery の略語。
PHA = Pharmacist（薬剤師）
RN = registered nurse（看護士）
Ph. D. = Doctor of Philosophy（博士号）
M.D. = Doctor of Medicine（医学博士）

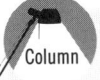

Column　年長者の成功をほめるときは、表現をひと工夫

ユニット19のダイアログに登場した I'm so proud of you.（あなたを誇りに思っているよ）という言い回しも、「よくやったね」というニュアンスで、相手をほめる場面ではとてもよく使われます。ただし、やや失礼になるので年長者などに使うのは避け、子供やパートナー、あるいは自分より年下の人などに限定して使うようにしましょう。

年長の人には、代わりに、次のような表現を覚えておくといいですね。

・I admire you for...（あなたの…を尊敬します）
・How wonderful that you...!（あなたが…したのはすばらしいことですね）
・Congratulations!（おめでとうございます）

Section 3

恋人をほめよう!

UNIT 20
恋人のプレゼントをほめよう!

こんな言葉でほめてみよう!　　CD 39

① **Oh, what beautiful earrings!**
（まあ、なんてすてきなイヤリングなの！）

② **I love them!**
（すごく気に入ったわ！）

③ **I wanted a pair just like these!**
（ちょうど、こういうのが欲しかったのよね！）

プレゼントをもらったときには、プレゼントそのものをほめることと、そして相手の心遣いに感謝する表現を忘れないようにしましょう。

ダイアログでチェックしてみよう!
（恋人にプレゼントをもらった場面です）

A: Oh, what beautiful earrings! …①
（まあ、なんてすてきなイヤリングなの！）

B: You like them?
（気に入った？）

A: I love them! Thank you. …②
（すごく気に入ったわ！ありがとう）

B: You're welcome.
（どういたしまして）

A: I wanted a pair just like these! …③
（ちょうどこういうのが欲しかったのよね！）

B: I'm so happy to hear that.
（そう言ってもらえてすごくうれしいよ）

① プレゼントの品物をほめるには？

Oh, what beautiful earrings!
（まあ、なんてすてきなイヤリングなの！）
ピアスも、英語ではふつう earrings と表現します。pierced earrings という言い方もあります。

- **What a gorgeous picture frame!**（なんてすてきなフォトフレームなの！）
  gorgeous は「すてきな」という意味で、かなりのほめ言葉になります。
- **How pretty are these candle holders!**
  （なんてすてきなキャンドルホルダーなの！）
  pretty は「かわいい」という意味だけでなく、「すてきな；美しい」などの意味でも使います。倒置の文で、感嘆の気持ちを表しています。
- **What a gorgeous sweater!**（なんてすてきなセーターなの！）
  sweater「セーター」はアメリカ英語の言い方。イギリスでは jumper と呼んでいます。

② 気に入った気持ちを伝えよう！

I love them!（すごく気に入ったわ！）
プレゼントをもらったときの I love... という表現は、贈ってくれた人をよろばせるひとことですね。

- **They are perfect!**（ばっちりだわ！）
  自分にぴったりのものをもらったときに、このように言ってみましょう。
- **What more could I ask for?**（これ以上ないほど最高だわ）
  直訳すると「これ以上なにを望めるでしょうか？」ですが、反語的に「これ以上はなにも望めない」、つまり「最高だ」という意味になります。
- **This is a dream come true!**（夢がかなったわ！）
  ずっと欲しいと思っていたものをもらったときなどに言ってみましょう。

③「欲しかったの」と言うときには？
I wanted a pair just like these!
（ちょうどこういうのが欲しかったの！）
just like... で「ちょうど…のような」を表します。

- **This is exactly what I wanted!**（まさに私が欲しかったものよ！）
  exactly は「まさに」という意味です。
- **How did you know?**（どうしてわかったの？）
  ここでは「どうして私の欲しいものがわかったの？」という意味合いです。
- **You read my mind!**（私の心を読んだのね！）
  read one's mind は「…の心を読む」の意味。

この場面で使えるその他のほめ言葉

❶「やさしいわね」とほめよう！
You are so kind.（君って、すごくやさしいね）
プレゼントをもらったら kind や nice を使って、「親切にありがとう」という気持ちを伝えましょう。

- **I love that you are so considerate.**
  （君のとても思いやりがあるところが大好きだよ）
  considerate は「思いやりがある；気がきく」の意味です。
- **You are so nice to me.**（君って僕にすごくやさしいね）
  nice も kind と同様「親切な」という意味。

❷「わーい！」とよろこぼう！
Yay!（わーい！）
よろこびを表す感嘆詞です。

- **Whoa!**（わあ！）
  驚きを含んだよろこびを表します。
- **Oh my!**（あらまあ！）
  「こんなすてきなものをもらってどうしましょう」といった感じの言葉です。

ボキャブラリー

・プレゼントのボキャブラリーを増やそう！

beautiful earrings（美しいイヤリング）
pretty clip-on earrings（すてきなクリップオンのイヤリング）
extravagant ring（豪華な指輪）
glittery necklace（きらびやかなネックレス）
stylish scarf（センスのいいスカーフ）
perfume with a wonderful fragrance（香りのすばらしい香水）
handmade bracelet（手作りのブレスレット）
gourmet chocolates（おいしいチョコレート）

Column プレゼントを手渡すフレーズ

　　プレゼントを手渡すときに、どう言えばいいのかわかりますか？「これ、君に」「なんだかわかる？」といった表現を覚えておきましょう。

This is for you.（これ君に）
I hope you like it.（気に入ってくれるといいな）
I got you a little something.（ちょっとした物があるんだけど）
Guess what this is.（これ、なんだかわかる？）
Can you tell what it is?（なんだかわかる？）
Guess what I got you.（あなたへ渡すもの、なんだかわかる？）
This had your name all over it.（これ、一面に君の名前が書いてあったんだよ）
I had to get this for you.（これ、君に買わなきゃ気がすまなかったんだ）

恋人をほめよう！

UNIT 21
デートの段取りや雰囲気をほめよう!

こんな言葉でほめてみよう!　CD 41

① **I love this restaurant.**
（このレストラン、すごく気に入ったわ）

② **It has a very nice atmosphere.**
（すごくすてきな雰囲気だわ）

③ **You have very nice taste.**
（あなたってセンスがいいわね）

ここでは恋人がデートに選んでくれたお店やその雰囲気などをほめる表現を見ていきましょう。You have very nice taste.「センスがいい」という表現はいろんな場面で活用できるほめ言葉ですので、ぜひ覚えておきましょう。

ダイアログでチェックしてみよう!
（デートに誘った相手に、お店の感想をたずねています）

A: **How do you like this place?**
（このレストランどう？）

B: **I love this restaurant.** …①
（すごく気に入ったわ）

A: **I'm glad to hear that.**
（それはよかった）

B: **It has a very nice atmosphere.** …②
（すごくすてきな雰囲気だわ）

A: **I think so, too.**
（僕もそう思うよ）

B: **You have very nice taste.** …③
（あなたってセンスがいいわね）

A: **Why, thank you.**
（わあ、ありがとう）

いろんな言い方でほめてみよう！　　CD 42

① 連れてきてもらったお店をほめる表現は？

I love this restaurant.（このレストランすごく気に入ったわ）
love で「大好きだ；とても気に入った」という気持ちを表します。

- **This is such a lovely bistro.**（とてもすてきなビストロね）
  lovely は「すてきな」の意味です。
- **I like this place a lot.**（ここがすごく気に入ったわ）
  a lot は「大いに」という意味。like...a lot で「…が大好きだ」となります。
- **What a cute café!**（気のきいたカフェね）
  cute は「かわいらしい；気の利いた」の意。

② お店の雰囲気をほめるには？

It has a very nice atmosphere.
（すごくすてきな雰囲気だね）
atmosphere は「雰囲気」の意味。

- **The ambiance is so pleasant.**（雰囲気がすごく楽しいね）
  ambiance も「雰囲気」ですね。
- **It's very cozy.**（とても居心地がいいね）
  cozy は「居心地のいい；親しみやすい」という意味。
- **This place makes me feel very relaxed.**（ここにいるとすごく落ち着くね）
  relaxed は「リラックスした；落ち着いた」という意味の語。

③ 相手のセンスや趣味をほめてみよう！

You have very nice taste.（あなたってセンスがいいわね）
taste は「センス；趣味」のこと。

- **You know how to choose a restaurant.**
  （レストランを選ぶのが上手ね）
  直訳すると「あなたはレストランを選ぶ術を知っている」となります。
- **You know how to make a girl feel special.**
  （女の子を特別な気持ちにさせるのが上手ね）
  これも上と同様「…する術を知っている」、「…するのが上手ね」とほめる表現のひとつですね。

この場面で使えるその他のほめ言葉

❶「前から来たかったんだ」と言おう！
I've always wanted to try this place.
（ずっとここに来てみたかったんだ）
現在完了なので、「ずっと来てみたいと思っていた」ということですね。

- **I had heard great things about this restaurant.**
  （このレストランのいい評判を聞いていたよ）
  ここでの great things とは「いい評判」のこと。
- **I've been wanting to come here.**（ここにずっと来てみたかったんだ）
  現在完了進行形で「いままでずっと来てみたいと思っていた」という意味。

❷「ここの料理、おいしいね」とほめよう！
The food is lovely.
（お料理がおいしいわね）
lovely は「すてきな」。ここでは「とてもおいしい」という意味です。

- **I love the steak.**（ステーキがすごくおいしいわ）
  love「大好きだ」→「すごくおいしい」ということですね。
- **The wine is delicious.**（ワインがおいしいわね）
  delicious（おいしい）も味をほめるときに欠かせない表現ですね。

● **This pie is to die for.**（このパイ最高ね）
to die for は「すてきな」という意味のカジュアルな表現です。ここでは「最高においしい」といった感じです。

ボキャブラリー

・お店の雰囲気のフレーズを増やそう！

a restaurant with a nice ambiance（いい雰囲気の店）
a restaurant with a relaxing atmosphere（落ち着いた雰囲気の店）
a sophisticated restaurant（洗練された感じの店）
a cozy restaurant（くつろげる店）
a clean restaurant（清潔感あふれる店）
a friendly restaurant（親しみやすい店）
a posh restaurant（高級感のある店）

Column はじめてのデート！

　最初のデートは、基本的には男性が誘い、レストランを選び、食事代を出すのが一般的です。大人なら、あまり気取りすぎない、感じのいいレストランを選ぶのがふつう。また、以前の会話の中で、女性が好きな食べ物などが出てきていた場合は、それを出しているレストランなどに連れていってあげる、といった趣向を考えます。
　最初から食事に誘うのではなく、まずは無難に美術館やイベントなどに出かけないかと誘うこともよくあります。途中で、「おなかもすいたし、どこかでなにか食べる？」という展開が予想されますね。

UNIT 22
恋人のかっこよさ、美しさをほめよう!

こんな言葉でほめてみよう!　　CD 43

① **You look beautiful!**
（きれいだね！）

② **That dress looks awesome on you.**
（そのドレスは君にすっごく似合ってるよ）

③ **I'm the luckiest guy around to be with such a beautiful woman.**
（こんなにきれいな女性といっしょにいられるなんて、僕は最高にラッキーな男だよ）

恋人の服装やヘアスタイルをほめる表現をチェックしておきましょう。特に新しい服を着ているときなどは、必ずほめてあげるようにしたいですね。

ダイアログでチェックしてみよう!
（デートの待ち合わせに女性が現れたときの会話）

A: **Wow. You look beautiful!** …①
（わあ。きれいだね！）

B: **Really?**（ほんと？）

A: **You always look great, of course, but that dress looks awesome on you.** …②
（もちろんいつもきれいだけど、そのドレスは君にすっごく似合ってるよ）

B: **Thank you. It's new.**
（ありがとう。新しいの）

A: **I'm the luckiest guy around to be with such a beautiful woman.** …③
（こんなにきれいな女性といっしょにいられるなんて、僕は最高にラッキーな男だよ）

B: **Oh, Bob.**（あら、ボブ）

A: **It's true!**（ほんとだって！）

いろんな言い方でほめてみよう！

🎵 CD 44

① 「きれいだね」とほめるには？

You look beautiful! （きれいだね！）
すてきな服でドレスアップしているときなどは、このようにほめるといいでしょう。

- **You look out of this world.** （とびっきりきれいだよ！）
  out of this world の代わりに、amazing や awesome などの単語を使ってもかまいません。どれも「すごくすばらしい」という意味ですね。

- **You look so sexy in that outfit.** （その服、すごくセクシーに見えるね）
  outfit は「服装」の意味。

② 服や髪型をほめるには？

That dress looks awesome on you.
（そのドレスは君にすっごく似合ってるよ）
look awesome on... で「…（人）に似合う」という意味。awesome の代わりに great や good を使うこともできますよ。

- **That shirt makes you look so sexy.**
  （そのシャツを着るとすごくセクシーだね）
  直訳すると「そのシャツはあなたをとてもセクシーに見せる」となります。

- **Your new hairstyle makes you look very sophisticated.**
  （その新しい髪形だととても上品に見えるね）
  sophisticated は「洗練された；上品な；おしゃれな」といった意味です。

③ 「すてきな相手といっしょでラッキーだ」と言うには？

I'm the luckiest guy around to be with such a beautiful woman.
（こんなにきれいな女性といられるなんて、僕は最高にラッキーな男だよ）
「こんな相手に恵まれてラッキーだ」という表現は、英語ではよく使われます。

- I'm so lucky to have such a hot guy like you.
  (あなたみたいにセクシーな彼がいて、私とってもラッキーだわ)
  hot は「すてきな；セクシーな」。スラングっぽい響きの語です。
- What did I do to deserve a girl like you?
  (どうして僕なんかに、君みたいな彼女ができたんだろう？)
  deserve... は「…に値する；ふさわしい」の意。

♥ この場面で使えるその他のほめ言葉

❶ 似合う色をほめよう！
You look great in red. (赤が似合うね)
in... は「…を着ると」の意味です。

- Green is your color. (グリーンが似合うね)
  your color は「あなたにぴったりの色」ということ。
- That color brings out your eyes. (その色は君の目を引き立てるね)
  この bring out は「引き立てる；(魅力を) 引き出す」の意。

❷ 「ファッションに関係なくきれいだ」と言おう！
You look great no matter what you are wearing.
(君は、なにを着ていてもきれいだよ)
no matter what... で「なにを…していても」を表します。

- You look sexy even in jeans. (ジーンズをはいてるときでもセクシーだね)
  even... は「…でさえ」の意味。
- You don't need expensive clothes to look beautiful.
  (君がきれいに見えるには高価な服も必要ないね)
  expensive は「高価な」の意味。

❸ 男性の容姿をほめてあげよう！
You look so sharp in that suit.
（そのスーツを着ているとおしゃれに見えるわ）
ここでの sharp は「かっこいい；おしゃれな」という意味。

- **You are so handsome when you wear your hair like that.**
（そういう髪型だとかっこいいわね）

wear one's hair... で「髪を…にする」の意味。例えば、wear one's hair down なら「髪を下ろしている」となります。

- **The ladies will be falling all over you!**
（女性たちがあなたをもてはやすわよ！）

fall all over... で「…にちやほやする；もてはやす」という意味になるフレーズ。

♥ ボキャブラリー

・女性の装飾品のボキャブラリーを増やそう！

dress（ワンピース）
frilly blouse（フリルの付いたブラウス）
heels / high-heeled shoes（ハイヒール）
knee-high boots（ニーハイのブーツ）
Louise Vuitton bag（ヴィトンのバッグ）
fur coat（毛皮のコート）
cocktail dress（パーティー用のドレス）
jeweled bracelet/bangle（宝石入りのブレスレット［バングル］）
amethyst pendant（アメジストのペンダント）
silver jewelry（シルバーのアクセ）
pearl necklace（真珠のネックレス）
hoop earrings（輪型のイヤリング）

UNIT 23
恋人の魅力や好きなところをほめよう!

こんな言葉でほめてみよう! CD 45

① **You are very handsome.**
（とってもハンサムね）

② **You are quite charming.**
（とっても魅力的）

③ **I like your sense of humor.**
（あなたのユーモアのセンスが好き）

恋人をほめるときは、ルックスをほめるのはもちろんですが、内面や相性のよさなどについてほめることも大事ですね。そんな場面の英語表現も知っておきましょう。

ダイアログでチェックしてみよう!
（男性が恋人に「僕のどこが好き？」とたずねている場面）

A: **What do you most like about me?**
（僕のどういうところがいちばん好き？）

B: **Well, first of all, you are very handsome.** …①
（そうねえ、まず、とってもハンサムなところかな）

A: **Yeah?**
（そう？）

B: **And you are quite charming.** …②
（それにとっても魅力的）

A: **That's nice to hear.**
（それはうれしいねえ）

B: **I like your sense of humor.** …③
（あなたのユーモアのセンスも好きだわ）

A: **Wow! You make me sound like an amazing guy!**
（へえ！ 僕がすごい男みたいに聞こえるね！）

♥ いろんな言い方でほめてみよう！ 🎧 CD 46

① ルックスをほめるには？

You are very handsome. （とってもハンサムね）
handsome は、おもに男性の容姿をほめる言葉です。

- **You are good-looking.** （かっこいいわね）
  good-looking は「ルックスがいい」の意味。
- **You are so attractive.** （とっても魅力的よ）
  attractive は「魅力的な」の意味で、人だけではなくものに対しても使えます。
- **You are very cute.** （とってもキュートね）
  cute は「かわいい」という意味ですが、男性に対しても使い、その場合は「かっこいい；セクシーな」といった意味合いも含まれます。

②「魅力がある」とほめるには？

You are quite charming. （とっても魅力的だね）
charming は「魅力的な」という意味。

- **You are quite a lady.** （君はほんとにすてきな女性だ）
  quite a... で「なかなかの‥‥；とてもすばらしい‥‥」という意味です。lady は「淑女」という意味ですが、ここではすてきな女性という含みで使っています。
- **There is something very special about you.**
  （君にはどこかすごく特別なところがあるね）
  something very special は「とても特別ななにか」。
- **I feel there is chemistry between us.** （僕たちは相性がいいみたいだ）
  chemistry は「相性」の意味。

③「話していて楽しい」とほめるには？

I like your sense of humor.（あなたのユーモアのセンスが好き）
sense of humor は「ユーモアのセンス」で、これも異性に対するアピールになります。

- **I really enjoy our conversations.**（あなたと話していると、とても楽しいわ）
 conversation は「会話」の意味。
- **I find you very interesting.**（あなたってとってもおもしろいわね）
 interesting は「興味深い；おもしろい」の意味です。
- **I love talking to you.**
 （あなたと話すのが大好きよ）
 これも「あなたの話はおもしろい」というほめ言葉になります。

♥ この場面で使えるその他のほめ言葉

❶「君が気になって仕方ない」と伝えよう！

I can't stop looking at you.（君を見つめずにはいられないよ）
can't stop -ing... は「···をやめられない」ということ。

- **I'm very interested in you.**（君にすごく興味があるんだ）
 be interested in... は「···に興味がある」で、異性について言う場合は、もちろん度合いこそ様々でしょうが、「好きだ」という気持ちも含まれています。
- **There's something about you.**（君にはなにか僕をひきつけるものがある）
 ここでは something は、「魅力的ななにか」を表しています。

❷「君のことをもっと知りたい」と言おう！

I want to get to know you better.
（あなたのことがもっとわかるようになりたいの）
get to... は「···できるようになる」。better は「（さらに）よく」。

- **I want to know more about you.**（あなたのことをもっと知りたいの）
  ひとつ前の英文と同様の意味です。more は「もっとたくさん」。
- **I hope we can spend more time together.**
  （もっといっしょに過ごせたらいいな）
  I hope... は「…を願う」、spend は「（時間を）過ごす」の意味。

♥ ボキャブラリー

・恋人の気に入っている部分をもっとほめよう！

You are a good listener.（あなたは話を聞くのが上手ね）
You are so hot.（あなた、すごく魅力的）
You are very caring.（思いやりがあるわ）
You are so sincere.（あなたはとても誠実ね）
You are so hip.（すごくセンスがいいね）
You are very confident.（頼りになるわ）
You are so funny.（すごくおもしろい人よね）
You are a lot of fun to be with.（いっしょにいるとすごく楽しいの）
You are so easy-going.（あなた、すごくおおらかよね）
You are so open-minded.（あなたはとても柔軟な人だわ）

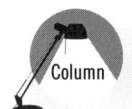

Column　恋人の呼び方（愛称）を覚えよう！

　このコラムでは恋人を呼ぶときの英語をチェックしてみましょう。
　まず、女性が男性を呼ぶときの言い方としては、handsome（イケメン）、stud（セクシーガイ）、sexy（セクシー）、cutie（かわいい人）といった言い方がよく使われます。Hey, handsome.（ねえ、私のハンサムさん）のように呼びかけたりします。
　逆に、男性から女性を呼ぶときは、gorgeous（ゴージャス；きれいな人）、beautiful（美人）、cutie（かわいい人）、pretty（かわいい人；きれいな人）といった言い方をします。cutieは、男性にも女性にも使えることも覚えておきましょう。

UNIT 24
恋人の性格や内面をほめよう!

こんな言葉でほめてみよう!　CD 47

① **How wonderful of you!**
（あなたって、なんてすばらしい人なの！）
② **You are always so willing to help.**
（あなたっていつも進んで人助けするのね）
③ **The world needs more people like you.**
（世の中には、あなたみたいな人がもっと必要ね）

ここでは恋人の性格をほめる表現を見てみましょう。caring（思いやりがある）やreliable（頼りになる）などを使った、シンプルな表現も押さえておきましょう。

ダイアログでチェックしてみよう!
（道端で倒れた人を助けた彼氏との会話）

A: Can you walk?（歩けますか？）
B: Yes. I'm fine. Thank you so much.（ええ、大丈夫です。どうもありがとう）
A: No problem. Well, then. Take care!（いいんですよ。じゃあ、お大事に）
―― Soon after:（すぐあとに）
A: So the lady seemed okay.（女性は大丈夫そうだったよ）
C: Oh, honey. How wonderful of you! …①
（ああ、ハニー。あなたって、なんてすばらしい人なの！）
A: Oh, it was nothing.
（いや、大したことないよ）
C: You are always so willing to help. …②
（あなたっていつも進んで人助けするのね）
A: I just do what I think is right.（ただ正しいと思うことをやっているだけさ）
C: The world needs more people like you. …③
（世の中には、あなたみたいな人がもっと必要ね）

いろんな言い方でほめてみよう！ CD 48

① 相手の性格や行いをほめるには？

How wonderful of you!（あなたったら、なんてすばらしい人なの！）
wonderful「すばらしい」で人間性をほめています。

- **How lovely of you to do that!**
  （そんなことをしてあげるなんて、なんてすばらしいのかしら）
  lovely も「すばらしい」を表します。
- **What a heroic thing to do!**（なんて勇敢なことをしたんでしょう！）
  heroic は「勇敢な；英雄にふさわしい」の意味。
- **What a wonderful thing you did!**（なんてすばらしいことをしたんでしょう！）

② 相手が人を思いやる気持ちをほめるには？

You are always so willing to help.
（あなたっていつも進んで人助けするのね）
be willing to... は「進んで…する；…するのをいとわない」という意味。

- **You are so caring.**（あなたって思いやりがあるわね）
  caring は「思いやりがある；面倒見がいい」という意味です。
- **You are always thinking of others.**
  （あなたって、いつもほかの人のことを考えているのね！）
- **I'm so impressed by your willingness to help.**
  （あなたが進んで人助けするのには感心するわ）
  be impressed by... で「感動する；感銘を受ける」の意味。

③「あなたのような人がもっといればいいのに」とほめよう！

The world needs more people like you.
（世の中には君みたいな人がもっと必要だよ）
need は「必要とする」という意味の動詞です。

- I wish there were more people like you.
（君みたいな人がもっとたくさんいればいいのに）
I wish... は「…だったらいいのに」と願望を表す表現で、wish のあとには過去形の文が入ります。

- Our city could use more people like you.
（この街に、君みたいな人がもっといればいいのに）
この英文も、could を使うことで「…したらいいのに」という表現になっています。use は「使う」という意味ではなく、「いると助かる」といったニュアンスです。

♥ この場面で使えるその他のほめ言葉

❶「あなたがそこにいてよかったね」と言おう！
Lucky for her that you were there.
（その女性、あなたがそこにいてラッキーだったわね）
「あなたがいて、助けてもらえたその人は幸運だったね」という表現です。

- **Good thing you walked by.**（あなたが通りかかってよかったわね）
Good thing... は「…でよかった」、walk by は「通りかかる」の意味です。
- **Thank goodness for you!**（あなたがいてよかったわね！）
Thank goodness for... で「…がいてよかった」ということ。Thank God for... とも言えます。

❷「頼りになるね」と言おう！
You are so reliable.（あなたって頼りになるのね）
reliable は「頼りになる」。

- **You are such a dependable man.**（あなたってとっても頼れる人ね）
dependable も同様に「頼りになる」という意味です。
- **You are always so helpful.**（あなたっていつもすごく助けになるのよね）
helpful は「助けになる；役に立つ」を表します。

❸「君は天使みたいな人だ」とほめよう！

You are such an angel.（君は天使みたいな人だね）
女性のやさしさをほめるときに使いましょう。such は強調を表します。

- **You have such compassion.**（すごく思いやりがあるね）
  compassion は「思いやり；慈悲」。
- **You have such a kind spirit.**（すごくやさしい心の持ち主だね）
  spirit は「精神；心」という意味です。

♥ ボキャブラリー

・性格の表現をいろいろ覚えよう！
kind—cold（やさしい—冷たい）
dependable—undependable（頼りになる—頼りない）
sensitive—dense 繊細—鈍感
brave—wimpy（勇敢—気が弱い）
refined—barbaric（洗練された—野蛮）
laid back—anal（おおらか—こまかい）
generous—stingy（気前がいい—ケチ）

Column 恋人への男性のやさしさが見える行為とは？

恋人の女性に対して、男性はいろいろなやさしさを示して自分をアピールします。ネイティヴ男性がよくすることを、ちょっとチェックしてみましょう。

・部屋に入るとき、ドアを開け、女性を先に通してあげる。
・女性の荷物を持ってあげる。
　＊ただし、ハンドバッグを持ってあげることはしないのがふつう。
・腰掛けるときは、イスを引いてあげる。
・電車などでイスがひとつしかないときは、女性を座らせてあげる。

UNIT 25 友達の恋人をほめてみよう!

こんな言葉でほめてみよう!

CD 49

① **He's great.**
（彼、すてきよ）

② **He's much nicer than I'd expected.**
（思ってたよりずっといい人だったわ）

③ **I think you two make a very nice couple.**
（あなたたち、すごくいいカップルになると思うわ）

アメリカでは、友人に恋人を紹介するのがふつうです。ここでは、そんな場面で友人の恋人をほめる表現をチェックしましょう。He is very nice.（彼、とてもいい人ね）など無難に使える表現も覚えましょう。

ダイアログでチェックしてみよう!
（自分の恋人に会った感想を、友人にたずねています）

A: So, what do you think of Jim?
（で、あなたジムのことどう思う？）

B: He's great. …①
（彼、すてきよ）

A: You think so?
（そう思う？）

B: Yes, he's much nicer than I'd expected. …②
（ええ、思っていたよりずっといい人だったわ）

A: That's good.
（よかった）

B: Yes. I think you two make a very nice couple. …③
（ええ。あなたたちすごくいいカップルになると思うわ）

A: Thanks!
（ありがとう！）

いろんな言い方でほめてみよう！

🎧 CD 50

①「すてきな人だ」と、相手の恋人をほめるには？

He's great.（彼、すてきよ）

great（すばらしい）とシンプルなひとことでほめた表現です。

- **I found him very pleasant.**（彼とっても楽しい人だったわ）

  〈find＋人＋形容詞〉で、「…（人）が…だと思う」という構文です。

- **I think he is very nice.**（彼とてもいい人だと思うわ）

  ここでの nice は「いい人」といったニュアンスです。

- **He is very cool.**（彼すごくかっこいいわね）

  cool は「すてきな；かっこいい」という意味。

②「思っていたよりよかった」と言うには？

He's much nicer than I'd expected.

（思ってたよりずっといい人だったわ）

than I'd(=I had) expected で、「思っていたよりも」という意味になります。

- **He's cooler than I thought.**（思ってたよりかっこいいわね）

  than I thought も同様に、「思っていたよりも」の意。

- **I wasn't expecting him to be so great, but he is.**

  （そんなにすてきだとは期待してなかったけど、実際はすてきね）

  〈expect＋人＋to be...〉で「…（人）が…だろうと期待する」の意味。

- **I was expecting the worst, but actually he's very lovely.**

  （最悪なのを想像してたけど、実際すごくすてきな人ね）

  worst は「最悪なもの；最悪な人；最悪な事態」などを表します。lovely は「すてきな」という意味で、女性がおもに用いる語。

③「いいカップルになれるよ」とほめるには？

I think you two make a very nice couple.
（君たち、すごくいいカップルになると思うよ）
ここでの make... は「…になる」という意味です。

● **You make a wonderful couple.**（ふたりはすてきなカップルになるよ）
上の英文と同様の意味で使えます。

● **You look great together.**（君たちすごくお似合いだよ）
「あなたたちがいっしょにいるとよく見える」、つまり「お似合いだ」ということです。

● **You two are made for each other.**
（君たち相性ぴったりじゃないか）
be made for each other は「お互いのためにつくられた」が直訳。「相性がぴったりだ；お似合いだ」という意味を表します。

♥ この場面で使えるその他のほめ言葉

❶「いい人と出会えてよかったね」と言おう！

I'm so glad he's a nice guy.（彼がいい人で私もすごくうれしいわ）
I'm so glad... は「…でうれしい」の意。

● **I'm really happy that you found a partner.**
（あなたがお相手を見つけて、すごくうれしいわ）
partner は「パートナー；恋人；配偶者」の意。配偶者の意味でも使いますが、どちらかというと、結婚前のパートナーというニュアンスです。

● **Glad to know you found a great girl.**
（あなたがいい彼女を見つけて、うれしいわ）
文頭の I'm が省略されているカジュアルな表現。

❷「異性を選ぶセンスがいい」と言おう！
You have very nice taste in women.
（女性の好みがすごくいいね）

taste in... で「…の好み；センス」。

- **You know how to pick a guy.**
  （男性の選び方がわかってるわね）

  ここでの pick は「選ぶ」の意味。

- **You are very good at finding a decent man.**
  （きちんとした人を見つけるのがすごく上手ね）

  decent は「礼儀正しい；きちんとした；立派な」という意味です。

♥ ボキャブラリー

・彼氏と彼女にまつわるボキャブラリーを増やそう！

my ex-boyfriend/girlfriend（別れた彼氏［彼女］）
a guy I used to go out with（かつてデートしていた人）
my new boyfriend/girlfriend（新しい彼氏［彼女］）
my (current) boyfriend/girlfriend（いまの彼氏［彼女］）
a guy/girl I started going out with recently
（最近つき合い始めた相手）
meet him/her by chance（彼氏［彼女］に偶然出会う）
be introduced by a friend（友達に紹介される）

Column 恋人を友達に紹介するのは大事な習慣

　新しい彼氏や彼女ができたとき、友達に紹介するのは、アメリカでの交際では、ひとつの大事なステップです。アメリカ人は、友達と恋人は別、とあまりはっきり区別しないのがいいと考えているからです。

　ですから、友達と会うときも恋人や夫、妻を同伴で出かけることもしばしばです。あまり恋人や夫妻を連れてこない人がいると、もしかすると関係がうまくいっていないのでは、あるいはなにか家庭の問題があるのでは、実は恋人なんていないんじゃないの、などと怪しまれてしまうことになるので、気をつけてくださいね。

Section 4

仕事や職場でほめよう!

UNIT 26
自分の仕事や職場をほめてみよう!

こんな言葉でほめてみよう!　CD 51

① **I enjoy the creative aspect of it.**
（この仕事のクリエイティブなところが好きなんだ）

② **I like my job so much that it doesn't feel like work.**
（自分の仕事が大好きだから、仕事って感じがしないよ）

③ **We get along great.**
（すごくうまくやってるよ）

自分の仕事や職場のいいところを言うときの表現を見てみましょう。みなさんも、ここに登場するフレーズを覚えて、どんどん自分の仕事をアピールしてください。

ダイアログでチェックしてみよう!
（自分の仕事について、質問されています）

A: **What do you do?** （仕事はなにをしているの？）
B: **I'm a graphic designer.** （グラフィックデザイナーだよ）
A: **Do you like your work?**
（仕事は気に入ってる？）
B: **I do. I enjoy the creative aspect of it.** …①
（ああ。この仕事のクリエイティブなところが好きなんだ）
A: **It must be hard work.** （大変な仕事でしょうね）
B: **I like my job so much that it doesn't feel like work.** …②
（自分の仕事が大好きだから、仕事って感じがしないよ）
A: **Do you like the people you work with?**
（仕事仲間も気に入ってるの？）
B: **Yes. We get along great.** …③
（うん。すごくうまくやってるよ）

いろんな言い方でほめてみよう！　CD 52

① 自分の仕事のいいところをほめよう！

I enjoy the creative aspect of it.
（この仕事のクリエイティブなところが好きなんだ）
creative は「創造的な；クリエイティヴな」、aspect は「側面；特徴」という意味ですね。

- **I love that I get to work with many people.**
  （たくさんの人といっしょに仕事ができるところが好きなんだ）
  get to... は「…できるようになる；…できる機会を得る」という意味。

- **I feel that I'm making a difference in the world.**
  （自分が世の中に影響を与えているって気がするんだ）
  ここでは make a difference は「影響を及ぼす」といったニュアンスです。

- **I like that I learn something new everyday.**
  （毎日なにか新しいことを学んでいるっていうところが好きなんだ）

② 仕事の楽しさを強調して話そう！

I like my job so much that it doesn't feel like work.
（自分の仕事が大好きだから、仕事って感じがしないよ）
so...that... は「とても…なので…だ」という表現です。

- **My work is a lot of fun.**（僕の仕事はとても楽しいんだ）
  a lot of fun は「すごく楽しいこと」の意味。

- **I enjoy going into work everyday.**（毎日仕事に行くのが楽しいんだ）
  enjoy -ing... で「…することを楽しむ」という意味。

- **The job suits me quite well.**（ほんとうに僕にぴったりの仕事なんだ）
  suit... は「…に合う」。quite well は「ほんとうによく」。

③ 同僚とのすばらしい関係について語ろう！
We get along great.（すごくうまくやってるよ）
get along great は「（ほかの人と）うまくつき合う」という意味のフレーズです。

- **We all work together very well.**（みんないっしょに仲良く仕事しているよ）
 work together は「いっしょに働く」。
- **I love everyone on our team.**（チームのメンバー全員が大好きなんだ）
- **There is a supportive atmosphere.**（協力的な雰囲気があるんだ）
 supportive は「協力的な」、atmosphere は「雰囲気」という意味です。

♥ この場面で使えるその他のほめ言葉

❶「天職なんだ」と言おう！
I feel this is my calling.（これが私の天職だって気がするの）
calling は「使命；天職」の意味です。

- **I'm following my bliss.**（幸せを追い求めてるだけよ）
 bliss は「至福のよろこび」の意。自分の好きな仕事に熱中して幸せに生きているということを述べる表現。
- **I was meant to do this work.**（私、この仕事をするのが運命だったのよ）
 be meant to... は「…するように運命づけられている」を表します。

❷「仕事が楽しくてしょうがない」と言おう！
It's so much fun.
（すごく楽しいの）
so much fun は、a lot of fun と同様、「とても楽しいこと」という意味です。

- **I love every minute of it.**（この仕事のすべてが大好きなの）

 love every minute of... で「…のすべてが大好きだ」という意味です。every minute は「毎分」。

- **I can't wait to go to work every day.**

 （毎日仕事に行くのが待ちきれないのよ）

 can't wait to... は「…するのが待ちきれない」という意味のフレーズ。

ボキャブラリー

・仕事や職場の満足感を伝える表現を、もっと覚えよう！

I enjoy my job.（仕事を楽しんでいます）
I love my job.（仕事がとても気に入っています）
I find my work very rewarding.（仕事にやり甲斐を感じています）
I get along with my boss and coworkers.（上司や同僚とうまくやってます）
I have excellent people working for me.（すばらしい部下をもっています）
I am happy with my income.（収入に満足しています）
I like the benefits I get.（福利厚生が気に入っています）

Column　アメリカ人の転職意識はどうなっている？

　アメリカ人はひとつの仕事場にずっといることはあまりなく、むしろ転職をする人のほうがよく見られます。

　自分の意志でステップアップしたり、新しいことにチャレンジする姿勢が評価されるからです。ある職場でいろいろと学んだり経験したりしているうちに、気持ちや意識に変化が起きたり、新しい欲求が生まれてくるのは当然のことだと思われているのです。

　ただし、あまりにも多く関係のない分野の職種を出入りしたり、自分のキャリアに大きな空白が空くのは、アメリカであっても職業的な評価を落とすことになりますのでご用心。

UNIT 27 同僚の仕事ぶりをほめてみよう!

こんな言葉でほめてみよう！　CD 53

① **You are such a hard worker.**
（あなたってすごい働き者ね）

② **You are so passionate about your work.**
（自分の仕事にとても情熱があるのね）

③ **I'm always so impressed with you.**
（あなたにはいつも感心させられるわ）

ここでは気心の知れた同僚や友人の仕事振りをほめる表現を見ていきましょう。アメリカでは、日本ほどオフィスの中でお互いをほめ合う習慣はありません。ここで見ていくフレーズは、上司や部下をほめるというよりも、親しい間柄でのほめ言葉として覚えておきましょう。

ダイアログでチェックしてみよう！
（仕事が忙しいせいで寝不足になっている親しい同僚との会話）

A: **How late did you have to work last night?**
（昨晩は何時まで仕事しなきゃならなかったの？）

B: **I was at work till two o'clock.** （2時ごろまで仕事してたよ）

A: **Wow. You are such a hard worker.** …①
（わあ。あなたってすごい働き者ね）

B: **Not really. I just love what I do.**
（そうでもないよ。自分の仕事が好きなだけさ）

A: **You are so passionate about your work.** …②
（仕事にとても情熱があるのね）

B: **You could say that.** （それは言えるかもね）

A: **I'm always so impressed with you.** …③
（あなたにはいつも感心させられるわ）

いろんな言い方でほめてみよう！ 🎧 CD 54

①「働き者だね」とほめるには？

You are such a hard worker.（あなたってすごい働き者ね）
hard worker は「働き者；努力家」を表します。

- **You work so hard.**（すごくよく働くわね）
  so hard は「とても懸命に」。上の英文と同様の意味です。
- **You're such a hardworking guy.**（すごくよく働くね）
  hardworking は形容詞で、「働き者の；勤勉な」の意。
- **You put so much time and effort into your work.**
  （仕事に多くの時間と努力を注いでいるわね）
  effort は「努力」の意味。

②「仕事に情熱的ね」とほめるには？

You are so passionate about your work.
（自分の仕事にとても情熱があるのね）
passionate は「情熱的な」の意味。

- **You care so much about your work.**
  （あなたは自分の仕事をほんとうに大事にしてるのね）
  care about... は「…を大事にする；好きだ」という意味。
- **Your work means so much to you.**（仕事はあなたにとって大切なのね）
  mean so much to... で「…にとってたくさんのことを意味する」、つまり「…にとって大切だ」ということです。
- **You love what you do.**（自分の仕事を愛してるのね）
  what you do は「自分の仕事」を意味します。

③「感心するわ」とほめるには？

I'm always so impressed with you.
（あなたにはいつも感心させられるわ）
be impressed with... は「…に感心する；感動する」という意味です。

- **You never fail to amaze me.** （いつも私を感心させるわね）
  never fail to... で「必ず…する」という意味。
- **I have so much respect for you.** （あなたをほんとに尊敬するわ）
  respect は「尊敬」。
- **You're awesome.** （あなたってすごいわね）
  awesome は「すごい；最高の」という意味のカジュアルな表現です。

♥ この場面で使えるその他のほめ言葉

❶「君の会社は君がいて幸せだ」と言おう！

Your boss is lucky to have you. （君の上司は君がいてラッキーだな）
boss は「上司」ですね。to have you は「君がいて；君がいることで」。

- **I hope your office knows how hard you work!**
  （君がどれだけ一生懸命働いてるか会社が知ってるといいね）
  I hope... は「…を望む」という表現です。日本語訳を見るとちょっと皮肉っぽい感じがしますが、実際はそうとは限りません。
- **Your boss doesn't deserve you.** （君の上司に君はもったいないよ）
  deserve... は「…に値する」。上司をけなしているのではなく、話している相手をほめる言い回しです。

❷「僕もそれぐらいやる気があったらな」と言おう!
I wish I could be as motivated as you.
(僕もそれぐらいやる気があったらなあ)

I wish... は「…だったらなあ」という表現。motivated は「やる気のある」の意味。

- **I would kill to have your drive.**

  (君のやる気がものすごく欲しいよ)

  would kill to... は「…するためには人も殺す」、つまり「すごく…したい」という意味になるカジュアルな表現です。drive は「気力；やる気」のこと。

- **I would love to be as driven as you are.**

  (君と同じくらいやる気が欲しいよ)

  driven は「やる気のある」という意味。

♥ ボキャブラリー

・仕事への情熱を表すフレーズを覚えよう!

have motivation to work（仕事へのやる気がある）
have enthusiasm for work（仕事に対する意気込みがある）
have passion for work（仕事に情熱を燃やす）
be aggressive at work（仕事に積極的だ）
put oneself into work（仕事に打ち込む）
put a lot of time and energy into one's work
（仕事に多くの時間とエネルギーを注ぎ込む）
put much effort into one's work（仕事に多くの力を注ぎ込む）

Column アメリカの大企業の社員はとても勤勉

アメリカの大企業でバリバリ働く人たちは、仕事を優先してほとんどの時間を費やします。特に、ニューヨークの金融企業の社員にはそういったイメージが強くあります。

ただし、日本のように早く帰るのが悪いからといった理由で長時間働く人や、接待やつき合いなどに時間をかける人はあまりいません。また、日本人には有休をすべて消化しない人も多くいますが、その点でも、アメリカ人はしっかりと有休を消化します。ビジネスはビジネスと割り切った働き方が好まれているのです。

UNIT 28 ビジネスミーティングでほめてみよう!

こんな言葉でほめてみよう! CD 55

① **That's good. Keep going.**
（いいね。続けて）

② **That is an excellent idea.**
（それはすばらしいアイデアだ）

③ **I know I can always count on you to come up with a solution.**
（君が解決策を見出してくれるのを、いつも頼りにしてるよ）

ダイアログでチェックしてみよう!
（とてもいいアイデアを提案した部下を上司がほめている場面です）

A: Therefore, I came up with another idea.
（それで、別のアイデアが浮かんだんです）

B: Good. Keep going.　…①
（いいね。続けて）

A: We can switch our focus to advertizing through Google instead of newspapers.
（新聞ではなくグーグルを通した広告に、焦点を切り替えればいいのです）

B: What are the benefits of doing that?
（そうすることでどういうメリットがあるのかな？）

A: We can narrow our targets, and cut advertising costs.
（わが社のターゲットを絞ることができて、かつ広告費が削減できます）

B: That is an excellent idea.　…②
（それはすばらしいアイデアだ）

A: Thanks.（ありがとうございます）

B: I know I can always count on you to come up with a solution. …③
(君が解決策を見出してくれるのを、いつも頼りにしてるよ)

いろんな言い方でほめてみよう！ 〔CD 56〕

① 相手をほめて、話を促すには？
That's good. Keep going. (いいね。続けて)
Keep going. は「そのまま（話を）続けて」という表現です。ダイアログのように、That's を省略しても OK です。

- **I like the sound of it. Continue.** (いいアイデアだね。続けて)
  like the sound of... は「…（アイデアなどの）がすばらしいと思う」という表現。
- **Right. Keep talking.** (いいね。話を続けて)
  Right. は「そのとおり」と同意を表すあいづちです。

② アイデアのすばらしさをほめるには？
That is an excellent idea. (それはすばらしいアイデアだ)
excellent は「すばらしい；卓越した」という意味。最高のほめ言葉です。

- **That's brilliant.** (それは、すばらしい)
  brilliant（すばらしい；光り輝く）も excellent と同様、最高のほめ言葉になります。
- **Your theory is very interesting.** (君の理論はなかなかおもしろいね)
  interesting は「（知的な意味で）興味深い」の意。

③ 「いつもいいアイデアがあるね」とほめるには？
I know I can always count on you to come up with a solution.
(君が解決策を見出してくれるのを、いつも頼りにしてるよ)
count on...（人）to... は「…（人）が…してくれるとあてにしている」。

- **You always have great ideas to share.**
  (君はいつもすばらしいアイデアを出してくれるね)
  share は「分かち合う」。ここでは「(アイデアを)出す」という意味合いです。
- **You are full of interesting ideas.**
  (君にはおもしろいアイデアがたくさんあるね)
  be full of... で「…にあふれている；…がたくさんある」の意味。

この場面で使えるその他のほめ言葉

❶「どれもいいアイデアだ」とほめよう！
These are all stellar ideas.(どれもいいアイデアね)
stellar はもともと「星のような」という意味。そこから転じて「優れた」という意味で使われています。

- **I believe we could use any of these ideas.**
  (どのアイデアでも使えると思うわ)
  any of... で「…のうちどれでも」ということ。
- **I am pleased with all of these proposals.**
  (どの企画も気に入っているわよ)
  be please with... は「…に満足している；…が気に入っている」の意味。

❷「とてもいい会議だった」と言おう！
That was a very fruitful meeting.(とても意義のある会議だったわ)
fruitful は「実りのある；意義のある」という意味の語。

- **I was pleased to hear many valuable comments.**
  (貴重な意見をたくさん聞けてよかったわ)
  be pleased to... は「…して(できて)うれしい」という意味のフレーズ。valuable は「貴重な」、comment は「意見；コメント」です。

● **Thanks to everyone, the meeting was very worthwhile.**
（みんなのおかげで、会議はとても価値のあるものになったわ）

thanks to... は「・・・のおかげで」。worthwhile は「価値のある；やりがいのある」という意味。

❸「お疲れさま」と言おう！

Good job, everyone.（みんな、お疲れさま）

いい成果をあげてくれた部下に言う、ねぎらいの言葉。ちなみに英語には、「お疲れさまでした」という会社での形式的なあいさつはありません。

● **Good work.**（よくやってくれたわ）

Good work. も「すごいね」「よくやったね」というほめ言葉です。

● **Nice job.**（お疲れさま）

この表現も Good job. などと同様に使えます。

♥ ボキャブラリー

・一流の仕事を表現するボキャブラリー！

a properly prepared report（きちんとした報告書）
a superb presentation（最高のプレゼンテーション）
a fruitful meeting（充実した[実りの多い]会議）
an excellent proposal idea（すばらしい企画案）
first-rate cutomer service（一流の顧客対応）
outstanding claim management（上出来のクレーム処理）
remarkable management power（卓越した経営力）

・会議関連のボキャブラリーを覚えよう！

chairman of a meeting（会議の司会者）
secretary of a meeting（会議の書記）
meeting proceedings（会議の進行）
those attending the meeting（会議の参加者）
minutes of the meeting（会議の議事録）
materials distributed at a meeting（会議で配る資料）

UNIT 29
ビジネスの企画書をほめよう!

こんな言葉でほめてみよう!　CD 57

① **Your proposal is very good.**
（君の企画すごくいいね）
② **It is full of innovative ideas.**
（斬新なアイデアがいっぱいだ）
③ **It has great potential.**
（すごい可能性があるよ）

ここでは仕事の企画をほめるときの表現を見てみましょう。企画のアイデアや可能性などをほめる表現をチェックしていきます。

ダイアログでチェックしてみよう!
（上司が部下の企画書をほめています）

A: **Bob. What did you think of my proposal?**
（ボブ。私の企画どう思った？）

B: **Oh, yes. Your proposal is very good.** …①
（ああ、うん。君の企画すごくいいね）

A: **Thank you.**
（ありがとう）

B: **It is full of innovative ideas.** …②
（斬新なアイデアがいっぱいだ）

A: **Glad you think so.**
（そう思ってくれてうれしいわ）

B: **It has great potential. Let's go with this.** …③
（すごい可能性があるよ。この企画で行こう）

A: **Great.**
（よかったわ）

① 説得力のある書類をほめよう！

Your proposal is very good. （君の企画すごくいいね）
proposal はここでは「企画」の意味です。

- **That proposal is thoroughly convincing.**
  （あの企画は非常に説得力があるね）
  thoroughly は「完全に；十分に」、convincing は「説得力のある」という意味。

- **The memorandum was very well written.**
  （あのメモはとてもよく書けていたよ）
  memorandum は「備忘録；メモ」の意味。

- **Your report is compiled together very nicely.**
  （君の報告書はとてもよくまとめられているね）
  compile は「（資料などを整理して書物を）まとめる；編集する」という意味です。

- **Your presentations are always very concise and easy to understand.**
  （君のプレゼンは、いつも簡潔でとてもわかりやすいね）
  concise は「簡潔な」、easy to understand で「わかりやすい」という意味。

② 企画書に現れたアイデアや努力をほめよう！

It's full of innovative ideas.
（斬新なアイデアがいっぱいだ）
innovative は「革新的な；斬新な」の意味です。

- **It's well thought out.** （よく考え抜かれているね）
  well thought out は「よく考え抜かれた」という意味のフレーズ。

③ 企画などの可能性をほめるには？
It has great potential.（すごい可能性があるよ）
potential は「可能性；見込み」。

- **We just might get the job.**（仕事が入るかもしれないよ）
ここでの get は「手に入れる」という意味です。might は「かもしれない」という意味で、可能性を表します。
- **We can do something with this.**（この企画ですごいことができるよ）
something は「なにか」。ここでは、「なにかすごいこと」といったニュアンスを含んでいます。with... は「…を使って；…で；…を用いて」の意。

♥ この場面で使えるその他のほめ言葉

❶「よくやった」と言おう！
Very good job.（よくやったわね）
Good job. は「よくやった」とほめるときの決まり文句です。

- **Excellent work.**（すばらしいじゃない）
excellent（優れた；卓越した）は最高のほめ言葉です。
- **You did a stellar job.**（すばらしい仕事をしたわね）
stellar は「すばらしい」という意味。
- **You are an excellent staff member.**（あなたは、すばらしいスタッフよ）
staff は「（特定の部署の）スタッフ（全体）」を意味します。そのうちのひとりを指すときには staff member と言いましょう。

❷「期待してるよ」と言おう！
Look forward to seeing more good work.
（もっといい仕事を期待しているわ）
look forward to -ing で「…を楽しみにする；期待する」という意味。

- **I'm counting on you.**（あなたを頼りにしているわ）
  count on... で「…を頼りにする；あてにする」の意味です。
- **I hope to see more of the same.**（同じような成果を期待しているわよ）
  hope to... で「…したい」。「同じことをもっと見たい」、つまり「今回の仕事と同様の、いい成果を期待している」ということですね。

ボキャブラリー

・企画に関するボキャブラリーを増やそう！
a perfect proposal（完璧な企画）
a useful proposal（有益な企画）
a clear-cut proposal（明快な企画）
a constructive proposal（建設的な企画）
a innovative proposal（革新的な企画）
a proposal with originality（斬新な企画）
a revolutionary proposal（画期的な企画）
a convincing proposal（説得力のある企画）
a proposal with a competitive edge（競争力のある企画）
a proposal that appeals to the customers（顧客にアピールする企画）
a proposal that guarantees success（成功間違いなしの企画）

・企画書やプレゼンテーションに登場する用語を覚えよう！
brief（概要）
purpose（意図）
objective（目的）
detailed plan（詳細なプラン）
budget（予算）
term/duration of project（プロジェクトの期間）
target value（目標値）
profit/gain and loss（損益）
summary（まとめ）

UNIT 30
勤務評定で部下をほめよう!

こんな言葉でほめてみよう!　　CD 59

① **You did a great job on the last project.**
（この前のプロジェクトではいい成果を出してくれたね）

② **You work well with others.**
（ほかの人たちと協調してよく働いてくれているね）

③ **I'm very pleased with your performance.**
（君の実績にとても満足しているよ）

アメリカの企業や日本の外資系企業では、年度末などに上司が部下と個別に面談して evaluation（勤務評定）を行います。部下の仕事ぶりを評価し、ほめるときの表現を見てみましょう。

ダイアログでチェックしてみよう!
（年度末の勤務評定で上司が部下の成果をほめている場面）

A: **Have a seat.**（かけてくれ）

B: **Thank you.**（ありがとうございます）

A: **You did a great job on the last project.** …①
（この前のプロジェクトではいい成果を出してくれたね）

B: **Thank you.**
（ありがとうございます）

A: **You work well with others.** …②
（ほかの人たちと協調してよく働いてくれているね）

B: **I try to do my best.**
（ベストを尽くそうと思っています）

A: **I'm very pleased with your performance.** …③
（君の実績にとても満足しているよ）

B: **Glad to hear it.**（そう言っていただいてうれしいです）

いろんな言い方でほめてみよう！ 🎧 CD 60

①「いい成果を出した」とほめるには？
You did a great job on the last project.
(この前のプロジェクトではすばらしい成果を出してくれたね)
do a great job で「すばらしい成果を出す；すばらしくやり遂げる」という意味。

- **You are showing steady progress.** (着実に進歩してきているね)
  steady は「安定した；着実な」、progress は「進歩；上達」を表します。
- **You generated great profits for our company.**
  (君は、わが社に大きな利益を生み出してくれたね)
  generate は「生み出す」、profit は「利益」という意味です。
- **Your performance last quarter was excellent.**
  (君のこの四半期の業績はすばらしかったよ)
  performance は「実績；業績」、last quarter は「前の四半期」の意。

② 協調性やチームワークをほめるには？
You work well with others.
(ほかの人たちと協調してよく働いてくれているね)
同僚などほかの人たちとうまくやりながら仕事している、というほめ言葉です。

- **Others seem to enjoy working with you.**
  (ほかの人も、君と仕事するのが楽しいようだよ)
  seem to... は「…するように思われる」という意味。
- **You work well in a team.** (君はチームでうまく仕事しているね)
  in a team は「チームで」。
- **You display great teamwork.** (君は共同作業をうまくやっているね)
  display は「示す；(行動などを) 見せる」、teamwork は「チームワーク；共同作業」の意味。

> ③「自分もうれしい；満足している」と言って
> ほめるには？
>
> I'm very pleased with your performance.
> (君の実績にとても満足しているよ)
> be pleased with... 「…に満足している」という意味です。

- **I have no complaints.**（文句のつけようがないよ）
  complaint は「文句；不平」。文句という意味で「クレーム」を使う日本人は、まだたくさんいますが、これは和製英語です。使わないように気をつけましょう。
- **Just keep doing what you're doing.**（いまの調子で仕事を続けてくれ）
  「いまやっていること（what you're doing）を続けてやってくれ」、つまり「この調子でがんばってくれ」という励ましの言葉です。
- **Keep up the good work.**（この調子でがんばってくれ）
  keep up は「維持する；がんばり続ける」といった意味。

♥ この場面で使えるその他のほめ言葉

> ❶「よくやっているね」と言おう！
>
> You're doing great.（よくやってくれているわね）
> do great は、「よくやる」という意味のカジュアルな言い方です。

- **You're doing just fine.**（あなたは、よくやってくれているわ）
  上の英文とほぼ同様の表現です。
- **You're doing a superb job.**（すごくよくやってくれているわね）
  superb は「極上の；すばらしい」という意味。最高のほめ言葉になります。

❷「会社にとって貴重な存在だ」と言おう！
You are an asset to our company.
（あなたは、わが社にとって有用な人材よ）
asset は「財産；有用なもの；有用な人；価値あるもの」の意味。

- **You are a valuable member of our firm.**
  （あなたはわが社の貴重なメンバーだわ）
  valuable は「貴重な」、firm は「会社；事務所」の意。
- **You play a vital role in our team.**
  （あなたは、われわれのチームで不可欠な役割を果たしているわ）
  play a...role「…な役割を果たす」、vital は「肝要な；不可欠な」という意味ですね。

♥ ボキャブラリー

・**勤務評定のボキャブラリーを覚えよう！**
employee evaluation（人事考課；勤務評定）
performance for this fiscal year（今年度の成績；実績）
comprehensive evaluation（総合評価）
outstanding aspects（優秀な点）
aspects in need of improvement（改善すべき点）
aspects that need work（努力すべき点）
goals for the next fiscal year（次年度の目標）
promotion—demotion（昇格—降格）
pay raise—pay cut（昇給—減給）

Column 米企業でよく行われるエバリュエーションとは？

　多くのアメリカ企業では、年度の切り替わり時期に、上司がそれぞれの部下と一対一で対面して、エバリュエーション（勤務評定）を伝えます。
　勤務評定のときには、上司が目の前に座り、それぞれの項目の評価や、総合的な評価、ボーナスの額、昇［降］格のありなしなどを伝えていく重要な作業なのです。この作業によって、それぞれの社員がどういった評価を受けているのか、またなにを期待されているのかを明確にし、それが、各人の次のタームへの動機づけとなっていきます。

UNIT 31
取引先のオフィスをほめてみよう！

こんな言葉でほめてみよう！　　CD 61

① **It's very nice.**
（とてもすてきですね）

② **It's quite spacious.**
（とても広々していますね）

③ **It's in such a convenient location.**
（すごく便利な場所にありますね）

ここではオフィスをほめる表現を見てみましょう。友人の家や内装をほめるときの表現もユニット15で学びましたね。このユニットと共通して使える表現も多いので、そちらももう一度チェックしておきましょう。

ダイアログでチェックしてみよう！
（相手のオフィスをはじめて訪れた場面での会話）

A: This is it. Here's my office. Come on in.
（ここがそうだよ。ここが僕のオフィス。入って）

B: It's very nice. …①
（すごくすてきですね）

A: Thanks. I like it.
（ありがとう。僕も気に入ってるんだ）

B: It's quite spacious. …②
（とても広々してますね）

A: Yes, it is.
（ああ、そうなんだよ）

B: And it's in such a convenient location. …③
（それにすごく便利な場所にあるし）

A: I know.（そうなんだ）

いろんな言い方でほめてみよう！ 🔘 CD 62

①「すてきなところだ」とほめるには？

It's very nice.（とてもすてきですね）
nice（すてきな；よい）は幅広く使えるほめ言葉ですね。

- **What a great place!**（すてきな場所ですね！）
  気持ちを込めた感嘆文で表現してみましょう。
- **This is a wonderful office.**（すばらしいオフィスですね）
  wonderful は「すばらしい」という意味です。
- **I love the way you laid the room out.**（部屋のレイアウトがすてきですね）
  lay out は「設計する；レイアウトする」の意。直訳すると「この部屋のレイアウトの仕方が大好きだ」となります。

② オフィスの広さや眺望をほめるには？

It's quite spacious.
（とても広々してますね）
quite は「かなり；なかなか」、spacious は「広々した」の意。

- **It looks very comfortable.**（すごく快適そうですね）
  look は「…（な様子）に見える」という意味。comfortable は「快適な」。
- **You have an excellent view.**（見晴らしがすばらしいですね）
  view は「眺望；見晴らし」。
- **You get so much sunlight.**（陽当たりがいいですね）
  get much sunlight で「陽当たりがいい」という表現です。

③ 立地のよさをほめるには？

It's in such a convenient location.
（すごく便利な場所にありますね）
convenient location は「便利な立地」の意。

- It's within minutes from the station. (駅からすぐなんですね)
  within... は「…以内」の意味。
- It's right next to a convenience store. (コンビニのすぐ隣ですね)
  right next to... は「…のすぐ隣に」という意味のフレーズです。
- It's in a quiet neighborhood. (静かな環境にありますね)
  neighborhood は「近所；(自宅)周辺」の意味です。

♥ この場面で使えるその他のほめ言葉

❶ オフィスの設備をほめてみよう！
What a bright and clean office!
(すごく明るくて清潔なオフィスですね)
bright は「明るい」、clean は「きれいな；清潔な」という意味です。

- Wow. You've got the latest, high-tech equipment.
  (わあ、最新でハイテクな設備ですね)
  latest は「最新の」、high-tech equipment は「ハイテク設備」という意味。「最新式の」というときは state-of-the-art というフレーズも使えますよ。
- What a great security system you have!
  (すばらしいセキュリティーシステムを備えていますね)
  security system は「警備システム」のこと。

❷「すてきなオフィスがうらやましい」と言おう！
You're lucky you can work in such a fantastic office.
(こんなすてきなオフィスで働けていいですね)
「すてきなオフィスで働けて幸運だね」という表現です。

- I'm jealous that you have such a nice office.
  (こんなすてきなオフィスがあってうらやましいですね)
  be jealous that... で「…ということがうらやましい」という意味。

● I wish my company had an office like this.
（私の会社もこんなオフィスだったらいいのに）

I wish... で「・・・だったらいいのに」という意味の表現になります。wish のあとには過去の文が入ります。

♥ ボキャブラリー

・オフィスを形容するフレーズを覚えよう！

an office that is close to the station（駅から近くにあるオフィス）
an office located in the business district（ビジネス街にあるオフィス）
an office located downtown（繁華街にあるオフィス）
an office that is in the middle of the city（街の中心にあるオフィス）
an office that is set up in one's home（自宅兼用のオフィス）
an office in the suburb（郊外にあるオフィス）
an office in a nice environment（環境のいいオフィス）
an office in a high-rise building（高層ビルにあるオフィス）
an office that is easy to commute to（通勤に便利なオフィス）

Column アメリカの通勤事情は？

アメリカでは、ニューヨークやサンフランシスコのように交通システムが発達した場所以外は、車での通勤がメインです。

ワシントン DC やアトランタ、シアトルなど道路の混雑は、以前から大きな問題になっていますが、その解決策のひとつとして「相乗り」のシステムが考え出されました。

特定の時間帯（ラッシュ時）は、複数人数が乗っている車しか走れない「相乗り」用のレーンが設けてあります。数人が相乗りすることによって車の台数を減らし、少しでもラッシュ時の混雑を解消しようとする施策なのです。

また、ラッシュを避けるために早朝に出社し、早めの時間に退社するフレックスタイム制を設けている会社もあります。

UNIT 32 取引先の製品や技術をほめよう!

こんな言葉でほめてみよう! 　CD 63

① **We are very excited about doing business with you.**
（御社とお仕事できることを、とても楽しみにしています）

② **We find your products to be among the best in the industry.**
（この業界で、御社の製品は最高水準だと思います）

③ **We believe they will do quite well in this country.**
（御社の製品は、この国で大きな成功を収めるものと信じています）

ここでは取引先の会社や製品などをほめる表現を紹介します。ビジネス上の会話なので、ほめるときにもくだけすぎないように気をつけましょう。

ダイアログでチェックしてみよう!
（取引先との最初の打合せでの会話）

A: **Thank you for taking the time to meet with us.**
（弊社とのミーティングの時間をいただき、ありがとうございます）

B: **It's our pleasure.** （こちらこそ）

A: **We are very excited about doing business with you.** …①
（御社とお仕事できることを、とても楽しみにしています）

B: **Likewise.** （私たちもです）

A: **We find your products to be among the best in the industry.** …②
（この業界で、御社の製品は最高水準だと思います）

B: **Thank you.** （ありがとうございます）

A: We believe they will do quite well in this country. …③
（御社の製品は、この国で大きな成功を収めるものと信じています）

B: That's our hope! （われわれも、そう願っています！）

いろんな言い方でほめてみよう！ CD 64

① いっしょに仕事ができることへの抱負を述べよう！

We are very excited about doing business with you.
（御社とお仕事できることを、とても楽しみにしています）
be excited about... は「…に興奮した；わくわくした」の意。

● **We are pleased to have the opportunity to work with you.**
（御社とお仕事させていただく機会を得られて光栄です）
be pleased to... は「…してうれしい」、opportunity は「機会」という意味。

● **We see our collaboration as a great step forward.**
（私たちの提携は大きな一歩となると思います）
collaboration は「協調；提携」、a step forward は「一歩前進」ですね。

● **I have great hopes for our partnership.**
（私たちの協力関係に、大いに期待しています）
have hopes for... は「…に期待する」、partnership は「協力関係」の意。

② 相手の会社の製品などをほめるには？

We find your products to be among the best in the industry.
（この業界で、御社の製品は最高水準だと思います）
among the best は「最高水準のもの；いちばんいいもの」という意味で、かなり強いほめ言葉になります。

● **We are impressed with the quality of your products.**
（御社の製品の品質には感銘を受けております）
be impressed with... は「…に感心する；さすがだと思う」という意味。

- **Your products are top-notch.**（御社の製品は一流ですね）
  top-notch は「一流の」という意味の単語です。
- **Your company offers very sophisticated services.**
  （御社は非常に高度なサービスを提供していらっしゃいますね）
  sophisticated は「洗練された；高性能な」という意味です。

> ### ③ 相手の会社の将来性をほめるには？
> **We believe they will do quite well in this country.**
> （御社の製品は、この国で大きな成功を収めるものと信じています）
> do well は「うまくいく」の意味。ここでは「よく売れる」という意味合いを伝えています。

- **Your product has great potential.**
  （御社の製品には、すばらしい可能性がありますね）
  potential は「可能性」の意味。
- **Together, I'm sure we will find great success.**
  （力を合わせれば、私たちは大成功を収めるものと信じています）
  together は「いっしょに；ともに」の意。I'm sure... は「…と確信している；信じている」ということですね。
- **We have no doubt that your products will be a great hit.**
  （御社の製品が大ヒットとなることは間違いないと思います）
  We have no doubt that ... は「…にまったく疑いをもっていない」という意味。

♡ この場面で使えるその他のほめ言葉

> ### ❶「以前の仕事もすばらしかった」とほめよう！
> **We enjoyed working with you before.**
> （以前の御社との仕事もすばらしいものでした）
> 直訳すると「以前御社との仕事を楽しんだ」となります。

- We have a successful working relationship.
  (私たちには、すばらしい仕事上の関係があります)
  successful は「成功した；良好な」、working relationship は「仕事上の関係；職場での関係」という意味。
- We've done very well in the past.
  (過去にも、大変いいお仕事をごいっしょさせていただきました)
  in the past は「過去に」の意味。

❷「また、いっしょに仕事したい」と伝えよう！
We hope to continue working with you.
（御社との仕事を継続できることを願っています）
continue -ing... で「…することを続ける」を表します。

- We look forward to working with you in the future.
  （将来御社と仕事させていただくのを楽しみにしております）
  look forward to -ing で「…するのを楽しみにしている」という意味。
- We welcome the opportunity for us to work together again.
  （またお仕事をごいっしょさせていただく機会を、楽しみにしております）
  welcome は「歓迎する；よろこんで受け入れる」、opportunity は「機会」の意。

♥ ボキャブラリー

・企業や製品・サービスをほめるボキャブラリーを増やそう！

company with an impressive history（すばらしい歴史をもつ企業）
fine mission statement（すばらしい社是）
reliable brand（信頼のブランド）
strong management power（強力な経営力）
high quality product（高品質の製品）
trust of a major corporation（最大手の信用）
innovative merchandize strategy（斬新な商品戦略）
customer service with attention to detail（きめこまかな顧客サービス）
remarkable technical development capabilities（目覚ましい技術開発力）
product with high level of social contribution（社会貢献度の高い製品）
earth-friendly product development（環境にやさしい製品開発）

Section 5

いろいろなものをほめてみよう!

UNIT 33
ペットのかわいさをほめよう!

こんな言葉でほめてみよう! CD 65

① **He's beautiful.**
（きれいな犬ね）

② **He's such a good dog.**
（とってもいい子ね）

③ **He seems very gentle.**
（とても穏やかそうだね）

ここではペットをほめる表現を見ていきます。犬などの性質やしつけをほめる表現を中心にチェックしていきましょう。

ダイアログでチェックしてみよう!
（道端で犬と散歩している知人に話しかけています）

A: Is he your dog?（それ、あなたの犬？）
B: Yes. His name is Oscar.
（うん。オスカーっていうんだ）
A: He's beautiful. …①
（きれいな犬ね）
B: Thank you. Sit, Oscar.
（ありがとう。お座り、オスカー）
A: He's such a good dog. …②
（とってもいい子ね）
B: Yeah, he is.（ああ、そうなんだ）
A: He seems very gentle. …③
（とても穏やかそうだし）
B: He is. He hardly ever barks.
（そう。めったに吠えないんだよ）

いろんな言い方でほめてみよう！　　CD 66

① 犬の容姿をほめるには？
He's beautiful.（きれいな犬ね）
beautiful は、動物の容姿をほめるのによく使います。

- **She's such a beauty.**（美しい犬ね）
  beauty は「美しい人；美しいもの」の意味。
- **What a cutie!**（なんてかわいいの！）
  cutie は「かわいこちゃん」といった意味。子供や動物を呼ぶとき、また、人間の恋人同士がお互いを呼ぶときにも使います。
- **He's adorable!**（かわいらしいわね！）
  adorable は「かわいらしい；魅力的な」といった意味です。

② 犬のしつけをほめるには？
He's such a good dog.（とってもいい子ね）
子供に対して good boy や good girl と表現するのと同様、「いい子」という意味合いです。

- **She is so smart.**（とっても賢いわね）
  smart は「賢い；頭がいい」の意味。
- **She's so well-behaved.**（お行儀がすごくいいのね）
  well-behaved は「お行儀のいい」という意味です。
- **What a well-disciplined dog.**（なんてよく訓練されてる犬なんでしょう）
  well-disciplined は「よく訓練された；きちんとしつけられた」という意味。

③ 犬の性質をほめるには
He seems very gentle.（とても穏やかそうね）
gentle は性格が「穏やかな；優しい」という意味。

- **She seems very even-tempered.**（すごく落ち着いて見えるわね）
  even-tempered は「情緒の安定した；落ち着いた」という意味の語です。
- **He's so playful.**（とても茶目っ気があるわね）
  playful は「遊び好きの；茶目っ気のある」の意味。
- **She's such a happy puppy.**
  （とっても機嫌のいい子犬ね）
  happy は「機嫌がいい」という意味。

♥ この場面で使えるその他のほめ言葉

❶ ペットの装飾品をほめよう！
That's a nice collar.（すてきな首輪だね）
collar は、このセンテンスでは「洋服の襟」ではなく、動物の「首輪」という意味ですね。

- **I love his jacket.**（そのジャケットいいね）
  最近はペットも服をよく着ていますね。この表現でほめてあげましょう。
- **That bow looks very cute on her.**（リボンがとってもかわいいね）
  bow は「蝶々結びのリボン」のこと。

❷ ペットの容姿をほめよう！
What a sharp-looking cat.
（この猫かっこいいね！）
sharp-looking は「かっこいい；いかした」。ここでは猫の体全体の印象を話しています。

- **He's one cool-looking bird.**（ほんとにすてきな鳥だね）
  one は〈形容詞＋名詞〉の前で冠詞の a の代わりに使うと、「まったくの」といった強調の意味が加わります。cool は「すてきな；格好いい」の意。
- **What an awesome pet!**（すごくすてきなペットだねー！）
  awesome は「すごい；すてきな」という意味のカジュアルな語です。

ボキャブラリー

・愛犬と話すフレーズ集
Sit.（お座り）
Down.（伏せ）
Shake hand.（お手）
Off.（降りなさい）
　＊テーブルやソファーなどに、前足をかけたときなどに使います。
Wait.（待て）
Stay.（止まれ）
Come.（おいで）
Fetch.（取っておいで）
Leave it.（ダメ）
　＊「（取ろうとしている物を）そのままにしなさい」という意味。
Drop it.（離せ）
　＊口にくわえたおもちゃなどを下に落とすように言います。
Good!（よし！）
Good girl/boy!（いい子だ！）
Good job!（よくできた！）
Well Done!（よくできた！）
Way to go!（えらいぞ！）

・ペットの身の回りの物を英語で言おう！
collar（首輪）
leash（リード；リーシュ）
poop bag（うんち用の袋）
dog treats（犬のえさ）
tag（名前などがついた首輪につけるタグ）
crate（犬用の檻）
dog bowl（えさ箱）
dog-friendly hotel（犬と泊まれるホテル）
dog-friendly cafe（犬と入れるカフェ）
dog park（犬が遊べる公園；ドッグラン）

UNIT 34
品物のデザインや質をほめてみよう!

こんな言葉でほめてみよう!　CD 67

① **I love the design.**
（デザインがいいわね）

② **It's very good quality.**
（質もすごくいいし）

③ **It goes very well with your outfit.**
（君の服にとっても合ってるよ）

このユニットでは、バッグやアクセサリーなどの品物のデザイン、品質、色などをほめる表現をチェックしてみましょう。女性には必須のフレーズやコメントをたくさん覚えてください。

ダイアログでチェックしてみよう!
（新しいバッグを持っている友人と話をしています）

A: **Is your handbag new?**
　（君のバッグ新しいの？）

B: **Yes. I bought it a few days ago.**
　（ええ。何日か前に買ったの）

A: **I love the design.** …①
　（デザインがいいね）

B: **Thank you.**（ありがとう）

A: **It's very good quality.** …②
　（質もすごくいいし）

B: **It is.**（そうなのよ）

A: **It goes very well with your outfit.** …③
　（君の服にとっても合ってるよ）

B: **Thank you.**（ありがとう）

いろんな言い方でほめてみよう！ 🎵 CD 68

① デザインや形をほめるには？

I love the design.（デザインがいいね）

I love...「…が大好きだ」というひとことは、相手にとって、とてもうれしいほめ言葉になります。

- **It's a very nice size.**（すごくいいサイズだね）

  size（サイズ）がちょうどいい、と言うときに使えます。

- **It has an interesting shape.**（おもしろい形だね）

  なにか個性的ですてきなものをほめるときに interesting を使ってみましょう。

- **It's such a beautiful color.**（とてもきれいな色だね）

  色合いが気に入ったらこのようにほめてみましょう。

② 品質をほめるには？

It's very good quality.
（質もすごくいいし）

quality は「品質」の意味です。

- **It's very well made.**（とても作りがいいね）

  well made は「作りがいい；よくできている」という意味。

- **It looks very sturdy.**（すごく丈夫そうだね）

  sturdy は「頑丈な；作りがしっかりしている」の意。

- **It's nicely crafted.**（とても丹念に作られているね）

  nicely crafted は「丹念に作られた；精巧に作られた」という意味のフレーズです。

③「…と合うね」と言うには？

It goes very well with your outfit.（君の服にとっても合ってるよ）

go well with... は「…と合う；マッチする」と言うときのフレーズです。

- **It would be perfect for a cocktail party.**
  （カクテルパーティーのときにぴったりだね）

  be perfect for... は「…にぴったり；最適」。cocktail party はカクテルと軽食の出される比較的カジュアルなパーティーです。

- **It matches the color of your jacket.**
  （君のジャケットの色とよく合うね）

  match は「合う」という意味ですね。

- **It is the same color as your shoes.** （君の靴と同じ色だね）

  the same...as... は「…と同じ…」という意味。ふたつのものの色を合わせていてすてきだね、とほめていますね。

♥ この場面で使えるその他のほめ言葉

❶「似合うね」と言おう！

It looks good on you. （あなたに似合ってるわ）
look good on... は「…に似合う」という意味のフレーズ。

- **It's so you.** （すごくあなたらしい感じね）

  直訳すると「とってもあなただね」となります。服や持ち物などが「あなたらしくてすてき」と言うときに使ってみましょう。

- **It's a very nice color for you.** （あなたにすごく似合う色ね）

  nice color for you は「あなたにとってすてきな色」、つまり「あなたに似合う色」ということです。

- **It's your color.** （あなたにぴったりの色ね）

  your color（あなたの色）と表現すれば、「あなたに似合う色」という意味合いを含んでいるのですね。

❷「使いやすそう」と言おう！

It looks very useful. （とても役に立ちそうね）
useful は「役立つ」という意味。

- **It looks easy to use.**（使いやすそうね）
  easy to use は「使うのにやさしい」、つまり「使いやすい」ということ。
- **It must be very handy.**（とっても便利でしょうね）
  handy は「使いやすい；役立つ；便利な」。日本語ではサイズがコンパクトであることを指して「ハンディー」ということが多いですが、英語の handy はあまりサイズに関係なく使えます。

♥ ボキャブラリー

・素材にまつわる英語をもっと覚えよう！

designer's jeans（デザイナーズのジーンズ）
alligator handbag（ワニ皮のハンドバッグ）
leather jacket（皮のジャケット）
sheepskin jacket（羊の皮のジャンパー）
denim skirt（デニムのスカート）
cotton shirt（コットンのシャツ）
silk scarf（シルクのスカーフ）
linen suit（麻のスーツ）
polyester pants（ポリエステルのズボン）
cashmere cardigan（カシミアのカーディガン）
down jacket（ダウンジャケット）
wool socks（ウールの靴下）
suede dress shoes（スエードのドレスシューズ）

UNIT 35
化粧品の色や香りをほめてみよう!

こんな言葉でほめてみよう! CD 69

① **It's very gentle on the lips.**
（唇にとってもやさしいの）

② **It smells nice.**
（においがいいの）

③ **There is a wide selection of colors.**
（色がたくさん揃っているの）

女性同士ならば、自分の使っている化粧品のよさを話し合うことはよくありますね。ここでは、友人に自分のおすすめの化粧品をほめるときの言い方をチェックしましょう。

ダイアログでチェックしてみよう!
（女性ふたりがある化粧品メーカーについて話している場面です）

A: **Have you ever used this company's lip gloss?**
（この会社のリップグロス使ったことある？）

B: **Yeah. I have.**（ええ。あるわよ）

A: **Did you like it?**（よかった？）

B: **I did. It's very gentle on the lips.** …①
（ええ。唇にとってもやさしいの）

A: **Yeah?**
（そうなんだ）

B: **Uh-huh. And it smells nice.** …②
（ええ。それに、においもいいの）

A: **That's a plus.**
（さらに、いいわね）

B: **Definitely. There is a wide selection of colors, too.** …③
（そうなのよ！ 色もたくさん揃っているの！）

いろんな言い方でほめてみよう！　CD 70

① 使い心地のよさをほめるには？

It's very gentle on the lips. （唇にとってもやさしいの）
gentle on... は「…にやさしい」という意味です。

- **It's easy on the skin.** （お肌にやさしいの）
  easy on... も「…にやさしい」という意味を表します。
- **It feels great when you put it on.** （つけてみるとすごく気持ちいいの）
  put on は「（服を）着る」だけでなく「（化粧品などを）つける」と言うときにも使います。

② 香りのよさをほめるには？

It smells nice.
（においがいいの）
smell nice は「いいにおいがする」という意味。

- **It has a nice fragrance to it.** （香りがいいの）
  fragrance は「芳香；香り」です。香水などのいい香りを表現するときによく使いますよ。
- **The lovely smell lasts a long time.** （いいにおいが長時間続くのよ）
  last は「持続する」という意味の動詞です。
- **It leaves a pretty scent.** （いい香りが残るの）
  leave は「残す」、scent は「芳香；香り」の意味。

③ 色の豊富さをほめるには？

There is a wide selection of colors, too.
（色もたくさん揃ってるの）
wide selection は「豊富な選択の幅；選択肢」という意味。

- It comes in so many different shades.（いろんな色で売ってるわよ）
  come in... で「・・・で売られる」の意味です。shade は「色合い；色調」のこと。
- They offer a huge range of colors.（色がすごくたくさん揃ってるの）
  a huge range of... で「とてもたくさんの・・・」という意味。huge range は「広範囲」ですね。

♥ この場面で使えるその他のほめ言葉

❶「それをつけると・・・になる」とほめよう！
It makes you look ten years younger.
（それをつけると、10歳若く見えるわよ）
...years younger で「・・・歳（実際より）若く」ということ。

- It brings out your eyes.（それをつけると目が引き立つわね）
  bring out は「引き立てる」の意味です。eyes は複数形で言いましょう。
- It makes your lips look full.（それをつけると唇がふっくらして見えるわよ）
  ここでの full は「満杯」ではなく、「ふっくらした；ぽっちゃりした」という意味です。

❷「すごくいいらしい」と言おう！
I hear it's really nice.
（それすごくいいらしいわよ）
I hear... は「・・・と聞いている」という意味の伝聞表現ですね。

- My friend says it's the best.（友達がそれ最高だって言ってたわ）
  the best は「最高」という意味の最上級表現。
- I was told that it's very good.（それすごくいいって聞いたわ）
  I was told that... は「・・・と聞かされた；聞いた」という意味です。

❸ 具体的に品質をほめてみよう！

It lasts all day.（丸一日持つわよ）
last は「持続する」、all day は「丸一日」。

- **It won't come off easily.**（かんたんには落ちないわよ）
  come off は「はがれる；落ちる」の意味です。

- **It stays on for a long time.**
  （長時間持つわよ）
  stay on で「もとの状態のまま続く」という意味になります。

♥ ボキャブラリー

・化粧品のボキャブラリーを増やそう！

waterproof mascara（防水マスカラ）
glitter lip gloss（ラメ入りのグロス）
toner for dry skin（乾燥肌用化粧水）
fragrance-free facial lotion（無香料の洗顔ローション）
foundation cream that reduces redness（赤みを抑える下地クリーム）
liquid foundation（リキッドタイプのファンデーション）
whitening emulsion（美白効果のある乳液）
brown eyebrow pencil（茶系のアイブロー）
peach colored blush（桃色のチーク）

Column アメリカの女性はいつ頃からお化粧する？

アメリカの女性たちは、ずいぶん若いときからお化粧を始めます。学校にも化粧に関する規則はないので、中学生ぐらいから（若い子は7～8歳くらいから！）お化粧をして学校に行くこともあります。極端な場合には、幼稚園にマニキュアをつけて行ってしまう子もいないことはありません。

あまり若い子に化粧をさせるのに賛成する人は多くはありませんが、化粧品メーカーの中には、tween（ティーンに入る前の時期：5～13歳くらいの年齢層）をターゲットにした商品を出しているところまであります。

UNIT 36
携帯電話の機能や使い勝手をほめよう!

こんな言葉でほめてみよう!　CD 71

① **I like that it's very sharp-looking.**
（なかなかおしゃれなところが気に入ってるんだ）

② **It's very easy to use.**
（すごく使いやすいよ）

③ **It's quite affordable, I think.**
（かなり手頃な値段だと思うよ）

自分の持っている携帯電話などの小物には愛着が出てきてしまい、ついつい自慢げにほめてしまいたくなったりしますね。ここでは、携帯電話を例に取りながら、機能や使い勝手をほめる言い方をチェックしておきましょう。

ダイアログでチェックしてみよう!
（友人に自分の携帯電話の使い勝手のよさをほめている場面）

A: **What kind of cell phone do you have?**
（どんな携帯を持ってるの？）

B: **I have an au.** （au のを持ってるよ）

A: **It looks nice.** （いいね）

B: **Yes, I like that it's very sharp-looking.** …①
（ああ、なかなかおしゃれなところが気に入ってるんだ）

A: **How do you like using it?**
（使ってみてどう？）

B: **It's very easy to use.** …②
（すごく使いやすいよ）

A: **Is it expensive?** （高いの？）

B: **It's quite affordable, I think.** …③
（かなり手頃な値段だと思うよ）

Section 5 いろいろなものをほめてみよう!

いろんな言い方でほめてみよう！　🎧 CD 72

① 気に入っているところをほめるには？

I like that it's very sharp-looking.
（なかなかおしゃれなところが気に入ってるんだ）
sharp-looking は「（見た目が）かっこいい；おしゃれな」といった意味です。

- **I love the camera on it.**（付属のカメラがすごくいいんだ）
  I love... でとても気に入っている部分を伝えていますね。on it は「それに付いている；付属している」の意。

- **I love that it comes with dictionaries.**
  （辞書が付いてるところがすごくいいんだ）
  come with... で「…を搭載している；…とセットになっている」という意味です。

- **I just love that you can watch TV on it.**
  （テレビが見られるところがすごくいいんだ）
  この just は強調。on it は「携帯で；携帯上で」ということ。

②「使いやすい」と言うには？

It's very easy to use.
（すごく使いやすいよ）
easy to... で「…しやすい；するのがかんたんだ」という意味です。

- **It's so simple to use.**（すごく使いやすいよ）
  「シンプルで使いやすい」と表現していますね。上の英文とほぼ同じ意味です。

- **I had no problem figuring out how to use it.**
  （使い方を理解するのに、なんの問題もなかったよ）
  have no problem は「問題ない」、figure out は「わかる；把握する」の意味です。

- **It's very user-friendly.**（すごく使い勝手がいいんだ）
  user-friendly は直訳すると「利用者にフレンドリーだ」。つまり、「使い勝手がいい；利用しやすい」ということですね。

携帯電話の機能や使い勝手をほめよう！

③「料金が安い」と言うには？

It's quite affordable, I think.
（かなり手頃な値段だと思うよ）
affordable は「（値段が）手頃な；良心的な」の意味です。

- **It offers the cheapest rate around.**（いちばん安い料金だよ）
  offer は「提供する」rate は「料金」を表します。
- **It's cheaper than any other carriers.**（ほかのどの電話会社よりも安いよ）
  ここでの carrier は「電話会社」という意味。
- **It's cheap for what you can do with it.**
  （この携帯でできることを考えたら安いよ）
  この for... は「…にしては；…の割には」の意。

♥ この場面で使えるその他のほめ言葉

❶「小さい・軽い」と言おう！

It's so tiny.
（すごく小さいんだ）
tiny は「すごく小さい」という意味です。

- **It fits right in my pocket.**（ポケットにぴったり収まるよ）
  fit は「（サイズなどが）合う」、right は「ちょうど」という意味。
- **It's super thin.**（すごく薄いんだよ）
  thin は「薄い」の意味。
- **It's as light as a feather.**（羽毛みたいに軽いんだよ）
  重さを羽毛にたとえた表現。feather は「羽毛」です。as...as... は「…と同じくらい…だ」という意味。

❷「かっこいいんだ」とほめよう!
It's so cool.
(すごくかっこいいんだ)
cool はここでは「かっこいい」の意。

- **It's very slick-looking.**(すごく滑らかな外見ね)
  slick は「滑らかな;すべすべした」。携帯のスムーズで滑らかなフォルムをほめています。
- **It's very classy.**(すごくおしゃれなんだ)
  classy は「高級な;しゃれた」という意味です。

♥ ボキャブラリー

・携帯電話のボキャブラリーを増やそう!
next-generation mobiles(次世代携帯電話)
wall paper(壁紙)
standby screen(待ち受け画面)
ringtone(着信音)
manner mode(マナーモード)
price plan(料金プラン)
basic rate(基本料金)
call rate(通話料)
internet connection fees(ネット接続料金)
sending/receiving text messages(メール送信・受信)
returning text messages(メールの返信)
forwarding text messages(メールの転送)
downloading a game(ゲームのダウンロード)
infrared communication(赤外線通信)

UNIT 37
お店や料理、雰囲気などをほめよう!

こんな言葉でほめてみよう！　CD 73

① **It had a very comfortable atmosphere.**
（なかなかくつろげる雰囲気だったよ）

② **I liked it.**
（おいしかったよ）

③ **The waiter was very pleasant.**
（ウエイターは、感じよかったね）

ここでは、レストランを例に取りながら、店の雰囲気、料理の味、サービスなどをほめる表現をチェックしていきましょう。ほめるポイントはだいたい決まっていますので、それぞれ決まった表現を覚えておくと便利です。

ダイアログでチェックしてみよう!
（昨日入ったレストランを友人がほめている場面）

A: We went to that new restaurant last night.
（僕たち昨日の夜、新しいレストランに行ったんだ）

B: Oh, how was it?
（へえ、どうだったの？）

A: It wasn't bad. It had a very comfortable atmosphere. …①
（悪くなかったよ。なかなかくつろげる雰囲気だったよ）

B: How was the food?
（料理はどうだったの？）

A: It was authentic Mexican. I liked it. …②
（本格的なメキシコ料理だったよ。おいしかったよ）

B: And the service?
（サービスは？）

A: The waiter was very pleasant. …③
（ウエイターは、感じよかったね）

いろんな言い方でほめてみよう！ 🎵 CD 74

① レストランの雰囲気や造りをほめるには？

It had a very comfortable atmosphere.
（なかなかくつろげる雰囲気だったよ）
comfortable は「快適な；居心地のいい」の意味です。

- **The place was very roomy.**（とても広々した店だったよ）
  roomy は room（空間）が形容詞化したもの。「広々とした」という意味ですね。
- **It was a stylish place.**（おしゃれな店だったよ）
  stylish は「おしゃれな」の意。
- **The layout was well thought-out.**
  （設計がよくできていたよ）
  layout は「設計」、thought-out は「考え抜かれた；よくできている」という意味を表します。

② 料理の味をほめるには？

I liked it.
（おいしかったよ）
「それが気に入った」、つまり「料理がおいしかった」という意味の表現です。

- **The food was delicious.**（料理がおいしかったよ）
  delicious は「おいしい；美味な」という意味です。食べ物をほめるときの定番の単語ですね。
- **I really enjoyed the main dish.**
  （メインディッシュが最高だったよ）
  「メインディッシュをほんとうに楽しんだ」、つまり「メインディッシュがとてもおいしかった」ということです。
- **Everything was very tasty.**（全部すごくおいしかったよ）
  tasty も「おいしい」という意味の単語。

③ サービスをほめるには？
The waiter was very pleasant.（ウエイターは、感じよかったね）
ここでの pleasant は「感じのいい；親切な」という意味を表しています。

- **The service was very quick.**（サービスがとてもてきぱきしていたよ）
  quick は「迅速な」の意。
- **The staff was very courteous.**（スタッフがとてもていねいだったよ）
  staff は「スタッフ全体」をさす単語。courteous は「ていねいな；礼儀正しい」。
- **They were eager to please.**（客をよろこばせようと一生懸命だったよ）
  要するに、「お店のサービスが徹底していてすばらしかった」ということですね。eager は「熱心な」、please は「よろこばせる；楽しませる」の意。

♥ この場面で使えるその他のほめ言葉

❶「メニューが豊富だ」と言おう！
They offered a wide range of dishes.（メニューが豊富だったわ）
offer は「提供する」、a wide range of... は「幅広い…；さまざまな…」、dish は「料理」。

- **Everything sounded delicious.**（全部おいしそうだったわよ）
  sound... は「…に聞こえる」。メニューを見ておいしそうに感じた、ということです。
- **They had a large selection of drinks.**（いろんな飲み物が揃っていたわ）
  a large selection of... で「幅広い…；さまざまな…」の意味です。

❷「もっとこういうお店があればいいのに」と言おう！
I wish there were more restaurants like this.
（こういうレストランがもっとあればいいのに）
I wish... で「…だったらなあ」と願望を表します。wish のあとには過去の文が入ります。

- **There ought to be more places like that.**
  （ああいう店がもっとたくさんあるべきね）
  ought to... は「…するべきだ」の意味。

- **Others should take a cue from that restaurant.**
  （ほかの店もあのレストランを見習うべきね）
  take a cue from... は「…からヒントを得る；…を見習う」という意味のフレーズです。

ボキャブラリー

・料理をコメントするフレーズを増やそう！

delicious food（おいしい料理）
my kind of food（自分好みの料理）
high class cuisine（高級料理）
elaborate cooking（手の込んだ料理）
simple dish（手軽な料理）
unusual dish（めずらしい料理）
a full-course meal（コース料理）
low-calorie meal（低カロリーの料理）
a la carte（アラカルトの料理）
generous helping of food（大盛りの料理）
food that goes well with wine（ワインに合う料理）
all-you-can-eat buffet（食べ放題のブッフェ）

Column　アメリカのレストラン事情

　最近、アメリカでは、より健康的な料理を出すレストランが増えています。有機野菜や地元の野菜、体にいい油などを使ったよりヘルシーなメニューをよく見かけるようになってきました。
　また、日本の居酒屋メニューのような量の少ないタパス系の小皿料理を出す店や、質のいい料理をカジュアルなスタイルで食べられる店、カリブ料理などのラテン系の店も人気です。

UNIT 38
美容院の技術やサービスをほめよう!

こんな言葉でほめてみよう!　CD 75

① **Their service is very good.**
（サービスがすごくいいのよ）

② **I highly recommend it.**
（すごくおすすめよ）

③ **The staff is very competent.**
（スタッフがとても優秀よ）

ここでは美容院を例に取りながら、お店のスタッフの腕前やサービスをほめるときの表現を見てみましょう。友人にすすめるときの I highly recommend it. といった言い回しは、ほかの場面でも応用できますので、しっかり覚えておきましょう!

ダイアログでチェックしてみよう!
（髪を切ったばかりの友人が美容院をほめています）

A: **I love your hair. Where did you have it done?**
（あなたの髪すてきね。どこでやってもらったの?）

B: **Thanks. I got it cut at a salon in Ginza.**
（ありがとう。銀座の美容院でカットしてもらったの）

A: **Is it good?**（そこいいの?）

B: **Yes. Their service is very good.** …①
（ええ。サービスがすごくいいのよ）

A: **I might give it a try.**（行ってみようかな）

B: **I highly recommend it.** …②
（すごくおすすめよ）

A: **How is the staff?**（スタッフはどう?）

B: **The staff is very competent.** …③
（とても優秀よ）

いろんな言い方でほめてみよう！ 🎧 CD 76

①「サービスがいい」とほめるには？

Their service is very good.（サービスがすごくいいのよ）
very good を great などに置き換えてもいいですね。

- **They offer excellent service.**（サービスがすばらしいのよ）
  offer は「提供する」という意味です。
- **I was very happy with their service.**（そこのサービスにはとても満足したわ）
  be happy with... は「…に満足している」という意味のフレーズ。
- **I was impressed with their great service.**
  （サービスがいいのには感心したわ）
  be impressed with... は「…に感心する」という意味。

②「おすすめだ」と言うには？

I highly recommend it.（すごくおすすめよ）
highly は「高く」、recommend は「すすめる」という意味ですね。

- **You should definitely try it.**（絶対に行ってみたほうがいいわよ）
  should... は「…したほうがいい」と強くすすめる言い方です。definitely は「絶対に；断然に」の意。
- **I encourage you to go.**（行ったほうがいいわよ）
  encourage...（人）to... の形で「…に…するようにすすめる」という意味になります。
- **I'd recommend the place to anyone.**（みんなにそこをおすすめするわよ）
  I'd... は「私だったら…するわ」という言い方。ここでの anyone は「だれでも」の意味です。

③「スタッフがいい」と言うには？

The staff is very competent.（スタッフがとても優秀よ）
competent は「優秀な；技量がある」という意味。

- **The hairdressers know what they're doing.**
  （美容師が自分の仕事をちゃんと心得てるの）
  hairdresser は「美容師」。「なにをやっているかわかっている」ということは、つまり「自分の仕事をきちんと心得ている」「自分の仕事に自信がある」といった意味になるのです。
- **The hair stylists are very experienced.**（美容師がベテランなの）
  hair stylist も hairdresser と同様「美容師」の意味。experienced は「熟達した；ベテランの」という意味の形容詞です。
- **The people there are very friendly.**（スタッフがとても親しみやすいの）
  friendly は「親しみやすい」の意味。

この場面で使えるその他のほめ言葉

❶「料金も手頃だ」と言おう！
It's very affordable.（とても良心的な料金よ）
affordable は「（料金などが）手頃な；良心的な」。

- **It's cheap.**（値段が安いよ）
  親しい友人などとの会話では、ずばり cheap「安い」という言葉を使うのもいいでしょう。
- **Their service is very inexpensive.**（そこのサービスはすごく安いわよ）
  inexpensive は「高価ではない；安い」の意味です。

❷「場所が便利だ」と言おう！
It's very easy to get to.
（すごく行きやすい場所なの）
get to... は「…に着く；行く」の意味です。

- **It's quite simple to find.**（すごく見つけやすい場所にあるの）
  simple to... は「…しやすい」という意味のフレーズ。
- **It's in a very accessible location.**（すごく行きやすい場所にあるの）
  accessible は「近づきやすい」。accessible location は「便利な立地」という意味になります。

ボキャブラリー

・サービスやスタッフのボキャブラリーを増やそう！

the best service（最高のサービス）
the worst service（最低のサービス）
thorough service（至れり尽くせりのサービス）
lazy service（手抜きのサービス）
consideration for the customer（顧客への気遣い・心遣い）
inconsiderate service（気遣いのないサービス）
skilled staff（腕のいいスタッフ）
unskilled staff（腕の悪いスタッフ）
competent/efficient staff（有能なスタッフ）
incompetent/inefficient staff（ダメなスタッフ）
staff who knows how to serve the customer well（接客の上手なスタッフ）
staff who are incapable of serving their customer well（接客下手のスタッフ）

Column 美容やおしゃれの英語、言えますか？

　　日本語では、カタカナ語でよく使っている美容関係の言葉ですが、英語になると微妙に違っていたりします。もちろん、共通のものもありますが、ここでは、ネイティヴがふつうに話すときの呼び方を紹介しておきましょう。

hairdresser / beauty shop（美容院）
barber shop（散髪屋さん）
nail salon（ネイルサロン）
beauty salon（エステサロン）
a facial / a facial massage（フェイシャルマッサージ）
body massage（ボディーマッサージ）
facial mask（パック）
aromatherapy（アロマテラピー）
aroma massage（アロママッサージ）
hair removal, waxing（むだ毛処理；脱毛）
weight-loss program（減量プログラム）
tanning salon（日焼けサロン）

UNIT 39 映画や俳優の演技をほめてみよう!

こんな言葉でほめてみよう!

① **It was excellent!**
（すごくよかったよ！）

② **I thought it was well-written.**
（ストーリーがよくできていたと思う）

③ **The acting was quite good.**
（演技もなかなかよかったよ）

ここでは映画や俳優、その演技などをほめるときの表現を見ていきましょう。It was great fun.「楽しかった」や I was quite moved.「感動した」など、感情を込めて言うフレーズは、映画について話すときの必須の表現です。

ダイアログでチェックしてみよう!
（最近観た映画を友人がほめている場面です）

A: **Did you see the movie last night?**
（昨日の夜、あの映画観た？）

B: **Yes, we did.** （うん、観たよ）

A: **How did you like it?** （どうだった？）

B: **It was excellent!** …①
（すごくよかったよ！）

A: **Yeah?**
（そう？）

B: **Yeah. I thought it was well-written.** …②
The acting was quite good as well. …③
（ああ。シナリオがよかったと思う。演技もなかなかよかったよ）

A: **I should go see it, too, then.**
（じゃあ私も観にいったほうがいいわね）

いろんな言い方でほめてみよう！　CD 78

①「映画がおもしろかった」とほめるには？
It was excellent!（すごくよかったよ！）
excellent は最高のほめ言葉になります。

- **It was great fun.**（すごくおもしろかった）
  great fun は「すごく楽しいもの」を表します。
- **I really enjoyed it.**（すごく楽しかったよ）
  「映画を大いに楽しんだ」という意味です。
- **It blew me away.**（吹っ飛んじゃったよ）
  blow away はもともと「吹っ飛ばす」という意味。転じて、「感動させる」という意味で使われています。アメリカ英語のスラング表現です。

②「ストーリーがよかった」とほめるには？
I thought it was well-written.
（ストーリーがよくできていたと思う）
「よく書かれていた」、つまり「ストーリーがよくできていた」ということです。

- **The story really draws you in.**（ストーリーにすごく引き込まれるよ）
  draw in は「引き込む」の意味。
- **The plot was well-developed.**（プロットがよくできていたよ）
  plot は「話の筋；プロット」、develop は「作り上げる」の意味です。
- **It's a very engaging script.**（すごく魅力的な脚本だったよ）
  enegaging は「人を引きつける；魅力のある」 script は「脚本」です。

③「演技がよかった」とほめるには？
The acting was quite good.（演技もなかなかよかったよ）
acting は「演技」の意味です。

映画や俳優の演技をほめてみよう！　171

- **The actor gave a stellar performance.**
  （俳優の演技がすごくよかった）
  stellar は「優れた」、performance は「演技」の意。
- **I think it was her best performance ever.**
  （これまでの彼女の演技の中でいちばんよかったと思う）
  ever は「これまでで」。
- **The main character was amazing.**（主人公がすばらしかった）
  main character は「主人公」の意味。

♥ この場面で使えるその他のほめ言葉

❶「感動した」と言おう！

I was quite moved by the story.（ストーリーにすごく感動したわ）
be moved by... は「···に感動する」という意味。「心を動かされた」が直訳です。

- **It was very moving.**（すごく感動的だったわ）
  moving は「感動的な；心を動かすような」という意味。
- **It struck a chord in me.**（感動したわ）
  strike a chord は「感情に訴える；琴線に触れる」。
- **I couldn't stop crying.**（泣かずにいられなかったわ）
  can't stop -ing... は「···するのをやめられない」という意味のフレーズ。

❷「考えさせられた」と言おう！

It was a thought-provoking movie.
（考えさせられる映画だったわ）
thought-provoking は「いろいろ考えさせられるような；示唆に富む」という意味ですね。

- **It makes you think.**（考えさせられる映画よ）
  直訳すると「それ（映画）があなたに考えさせる」となります。

● I was reminded of the preciousness of life.
（命の尊さについて考えさせられたわ）

remind...（人）of... は「･･･ に ･･･ のことを思い起こさせる」。preciousness は「貴重さ; 尊さ」のこと。

ボキャブラリー

・映画関連のボキャブラリーを増やそう！

celebrity（有名人）
cast（出演者）
leading actor/actress, one who has the leading role（主演）
supporting role（助演）
small role（端役）
script (lines)（台詞）
acting / performance（演技）
original, the story on which the movie is based（原作）
script（脚本）
director（監督）
assistant director（助監督）
award-winning movie（映画賞受賞作）
movie soundtrack（映画音楽）

Column　やはりアメリカ人は映画館でポップコーンをほおばるのか？

　映画などで tub（桶）みたいに大きな容器に入ったポップコーンをほおばりながら映画を観ているアメリカ人がいますね。実際いまでもこんな光景はよく見かけます。すでにかなりしっかりバター味なのに、そこへさらに液状のバター（バター味のオイル）をたっぷりかけたりします。

　お菓子（チョコレートなど）にも劇場仕様のものがあり、割高で販売されています。

　最近は、通信販売系の DVD レンタルもポピュラーですが、この手のサービスでは、たいてい返却した時点で次のものが借りられ、返却期限がありません。

UNIT 40
歌手の歌声をほめてみよう!

こんな言葉でほめてみよう!　CD 79

① **He has a great voice.**
（彼すごく声がいいのよね）

② **He sings with such sincerity.**
（彼はすごく真摯に歌うのよね）

③ **He has such stage presence.**
（ステージでの存在感があるよね）

ここではお気に入りの歌手をほめる表現を見ていきます。歌手の歌声や、歌唱力、存在感などをほめる言い方を覚えましょう。

ダイアログでチェックしてみよう!
（友人が、テレビに出ている歌手をほめています）

A: John Mayer has a new song out.
（ジョン・メイヤーは新曲を出したね）

B: I love John Mayer.
（ジョン・メイヤー大好き）

A: I do, too.
（僕もだよ）

B: He has a great voice. …①
（彼すごく声がいいのよね）

A: He sure does.
（そうだね）

B: And he sings with such sincerity. …②
（それにすごく真摯に歌うのよね）

A: I agree. He has such stage presence, too. …③
（そうだね。ステージでの存在感もあるよね）

いろんな言い方でほめてみよう！ 🎵 CD 80

① 声をほめるには？

He has a great voice.
(彼すごく声がいいのよね)
「いい声をもっている」＝「声がいい」ということです。

- **He has a deep, soulful voice.** (声が太くてソウルフルなのよね)
  deep voice は「深くて太い声；低い声」という意味。
- **Her voice is so ethereal.** (彼女の声って天使の歌声みたいなのよね)
  ethereal は「天使のように透きとおった；空気のような；優美な」といった意味の形容詞。
- **Her voice is one of a kind.** (彼女の声ってユニークよね)
  one of a kind は「独自の；ユニークな」という意味になります。

② 歌い方をほめるには？

He sings with such sincerity.
(彼はすごく真摯に歌うのよね)
with sincerity は「誠実さをもって；真摯に」ということ。

- **He has a powerful singing style.** (彼の歌い方って力強いわね)
  ここでの style は「表現方法；スタイル」のことですね。
- **I love how he sings with such intensity.**
  (彼の情熱的な歌い方が大好きなの)
  intensity は「激しさ；強烈さ」。with intensity で「激しく；情熱的に」といった意味になります。
- **He is a great crooner.** (彼ってすごいクルーナーね)
  crooner はバラードなどをやさしい低い声で歌う歌手のことを言います。

③ ステージパフォーマンスほめるには？

He has such stage presence.
（ステージでの存在感があるよね）
presence は「存在（感）」の意味。

- **He steals the show.** （彼は人気を独り占めだね）
  steal the show は「人気を独り占めにする；話題をさらう」という意味のフレーズです。
- **She presents herself with such confidence.**
  （彼女、自信に満ちあふれているよね）
  present oneself は「自分自身を示す」という意味。with confidence は「自信に満ちて」。
- **She looks amazing on stage.** （彼女ってステージではすばらしいよね）
  ステージ上では信じられないほどすばらしく見える、といった意味合いです。

♥ この場面で使えるその他のほめ言葉

❶「かっこいい」と言おう！

He's so cool. （彼、すごくかっこいいわね）
cool は「かっこいい」の意味。

- **I love her dress.** （彼女のドレスすごくいいわね）
  love「大好きだ」を使った、気持ちのこもったほめ言葉です。
- **She has a great body.** （彼女スタイルがすごくいいわね）
  have a great body は「体がきれいだ；スタイルがいい」という意味になります。
- **She is drop-dead gorgeous.** （彼女目を奪われるほどすてきなのよね）
  drop-dead は「目を奪うような；はっとするほど」という意味合い。

❷「聴くべきだ」とすすめるには？
You have to listen to his music.
（彼の音楽を聴かなきゃダメだよ）

have to... は「…しなければならない」で、強くすすめる表現になっています。

- **You absolutely have to go to his concert.**
  （彼のコンサートには、絶対に行かなきゃダメだよ）
  absolutely は「絶対に」。

- **Her CD is a must-have.**（彼女の CD はマストアイテムだよ）
  must-have は「必需品；マストアイテム」の意。

- **You don't know what you're missing.**
  （君は自分がなにを見逃してるのかわかってないね）
  「君はすばらしいものを見逃している」、すなわち「聴くべきだ」という意味合いです。

♥ ボキャブラリー

・音楽ファンのボキャブラリーを覚えよう！
be a big fan of...（…の大ファンだ）
be so into...（…に夢中だ）
be someone's groupie（…の追っかけだ）
someone's lyrics are wonderful（…の歌詞はすばらしい）
someone's voice is amazing（…の声は抜群だ）
someone has a beautiful vibrato（…のビブラートは美しい）
go to every one of someone's concerts（…のライブには欠かさず行く）
watch all the shows that someone's is in（…の出演番組は全部観る）
have all of someone's albums（…のアルバムを全部持っている）

UNIT 41
旅で訪れた街をほめてみよう!

こんな言葉でほめてみよう! ●CD 81

① **I loved it.**
（すごくよかったわ）

② **There were many interesting places to go.**
（おもしろいところがたくさんあったのよ）

③ **The people are very friendly.**
（街の人がとても親切なの）

ここでは旅行などで訪れたことのある、大好きな街をほめるときの表現を見てみましょう。自分の訪れた街を相手も気に入ってくれるようにほめるには、どんな表現が役立つかチェックしてくださいね。

ダイアログでチェックしてみよう!
（友人が旅行で訪れた街［サンフランシスコ］をほめている場面です）

A: Welcome back. How was San Francisco?
（おかえり。サンフランシスコはどうだった？）

B: I loved it. …①
（すごくよかったわ）

A: What did you love about it? （どこがそんなによかったの？）

B: There were many interesting places to go. …②
（おもしろいところがたくさんあったのよ）

A: That's great. （それはよかったね）

B: And the people are very friendly. …③
（それに街の人がとても親切なの）

A: You're making me want to go there, too!
（君の話を聞いてると、僕も行きたくなってくるなあ！）

いろんな言い方でほめてみよう！ 🎵 CD 82

① 街をほめるには？

I loved it.（すごくよかったわ）

love「大好きだ」とシンプルに表現するだけでも、最高のほめ言葉になりますよ。

- **It was a wonderful place to visit.**
  （訪れてみてすばらしいところだったわ）
  wonderful place to visit で「訪れるのにすばらしいところ」の意。

- **I fell in love with the place.**（その場所に心を奪われたわ）
  fall in love with... =「…と恋に落ちる；…に心を奪われる」。街と恋に落ちるなんて、とてもおしゃれな言い方ですね。

- **It was an amazing city.**（すごくいい街だったわ）
  amazing は「すばらしい」の意味。

②「いい場所がたくさんある」と言うには？

There were many interesting places to go.
（おもしろいところがたくさんあったのよ）

interesting places to go で「行くべきおもしろいところ」の意。

- **It was full of cool places to visit.**（すてきなところがたくさんあったわ）
  be full of... は「…でいっぱいだ；…がたくさんある」という意味のフレーズ。

- **The city is packed with great shops and restaurants.**
  （その街にはすてきなお店やレストランがたくさんあるの）
  be packed with... は「…がいっぱい詰まった」。数多くのお店があることを言っているのですね。

- **You never run out of things to do.**
  （やることには決して事欠かないわよ）
  run out of... は「…を使い果たす；切らす」の意味。

③ 街の人々をほめるには？
The people are very friendly.（街の人がとても親切なの）
friendly は「親しみやすい；親切な」の意味です。

- **I found the people to be very welcoming.**
（人々がとても歓迎してくれていると思ったわ）

  welcoming は「歓迎してくれる；歓迎的な」という意味の形容詞です。

- **Everyone I met was so kind.**（会う人すべてが、すごく親切だったわ）

  met は meet「会う」の過去形です。

- **People seemed so warm.**

  （人々が友好的に思えたわ）

  warm は「温かい；友好的な」の意。

♡ この場面で使えるその他のほめ言葉

❶「おしゃれな街だ」と言おう！
It's a very fashionable town.（とてもおしゃれな街だよ）
fashionable は「おしゃれな」の意味。

- **It's known to be a very chic area of the city.**

  （そこは街の中でもすごくおしゃれなエリアとして知られているんだ）

  be known to be... は「…として知られている」、chic は「おしゃれな；粋な」という意味。

- **New York is a very sophisticated city.**

  （ニューヨークはとても都会的な街なんだ）

  sophisticated には「洗練された；都会的な」などの意味があります。

❷「また行きたい」と言おう！
I'd love to go again.
（またぜひ行きたいな）
I'd は I would の短縮形。would love to... で「ぜひ…したい」。

- **I would go back any day.**（絶対にまた行きたいよ）
  この would は「…したい」という気持ちを表します。any day は「いつでも；絶対に」の意味です。

- **I'd give anything to visit that place again.**
  （あそこにまた行きたくてたまらない）
  全文を直訳すると「あそこにまた行くためならなんでもあげる」となります。would give anything to... は「…したくてたまらない」という意味合いです。

♥ ボキャブラリー

・街をほめるいろいろなフレーズを覚えよう！
...is the birthplace of jazz.（… はジャズの本場だ）
...is famous for its clam chowder.（…は、クラムチャウダーで有名だ）
...is lined with luxury brand stores.（… には高級ブランド店が並んでいる）
...has an amazing view.（… は眺望がすばらしい）
The casino is a lot of fun in...（… はカジノが楽しい）
The night life is great in...（… は夜遊びスポットが豊富だ）
The nature in...is not to be missed.（… の大自然は見逃せない）
The night view from...is beautiful.（… は夜景が美しい）
Many popular plays are performed at...
（… では有名な劇がたくさん上演されている）
There are many hip bars in...（… は、おしゃれなバーがあふれている）
There are many venues for live music in...
（… には、たくさんライブハウスがある）
There is a large amusement park in...（… には、大きなテーマパークがある）

UNIT 42
お気に入りの外国をほめてみよう!

こんな言葉でほめてみよう! 　CD 83

> ① **It's very safe there.**
> 　（すごく安全なところよ）
> ② **There are many beautiful sites.**
> 　（きれいな場所がたくさんあるのよ）
> ③ **They have the best food!**
> 　（食べ物がすごくおいしいの）
>
> ひとつ前のユニットでは街をほめる表現を見てきました。ここでは「国をほめる」というテーマで、もう少し場所をほめる言い方をチェックしておきましょう。どんなところがすばらしいのか説明すれば、会話もどんどん弾みますよ!

ダイアログでチェックしてみよう!
（アメリカ人が日本をほめている場面です）

A: **I've been to Japan.**
　（私、日本に行ったことあるの）

B: **Oh yeah? How did you like it?**
　（へえそうなの? どうだった?）

A: **I loved it. It's very safe there.** …①
　（すごくよかったわ。すごく安全ところよ）

B: **Are there many places to see?**
　（観る場所はいろいろあるのかい?）

A: **Yes. There are many beautiful sites.** …②
　（うん、きれいな場所がたくさんあるのよ）

B: **How is the food there?**
　（食べ物はどう?）

A: **They have the best food!** …③
　（食べ物がすごくおいしいの!）

いろんな言い方でほめてみよう！　🎧 CD 84

① その国の安全性や利便性をほめるには？

It's very safe there. （すごく安全なところよ）

it は、ここでは「日本」を指しています。safe は「安全な」。

- **The transportation system is very efficient.**
  （交通システムがすごく効率的なんだよ）
  transportation は「交通；輸送」、efficient は「効率的な；有能な」という意味です。

- **It's very easy to get around Tokyo.**
  （東京はあちこち移動するのがすごく楽だよ）
  get around は「動き回る；あちこち移動する」の意味です。

- **Everything is on time.** （なんでも時間どおりなの）
  on time は「時間どおりに」の意味。日本人が時間に正確な点を述べる表現ですね。

② 名所や旧跡をほめる表現は？

There are so many beautiful sites.
（きれいな場所がたくさんあるのよ）

site は「場所」という意味。

- **The view from Mt. Fuji is gorgeous.**
  （富士山からの眺めはすばらしいわよ）
  view は「眺め」、gorgeous は「すばらしい」の意味。

- **Many of their ancient temples are so lovely.**
  （古いお寺の多くがすごくすてきなの）
  ancient は「古い；古びた」、temple は「お寺」です。ちなみに、神社は、英語では shrine と表現します。

③ その国の食べ物をほめるには？

They have the best food!（食べ物がすごくおいしいのよ）
the best food は「最高の食べ物」。

- **I love the food!**（食べ物がすごく気に入ってるんだ！）
  love「大好きだ」で感情のこもった表現ができます。
- **There are so much good food there.**
  （たくさんおいしい食べ物があるんだよ）
  good food は「おいしい食べ物」。
- **There are so many delicious things to eat.**
  （すごくいろんなおいしい食べ物があるのよ）
  delicious は「おいしい」の意味。

♥ この場面で使えるその他のほめ言葉

❶ その国の気に入っている点をほめよう！

I just love Japanese TV.（日本のテレビがすごく気に入ってるんだ）
just は love「大好きだ」の意味を強調しています。

- **I'm addicted to Japanese baths.**（日本式のお風呂にはまってるんだ）
  be addicted to... で「…に夢中だ；凝っている」という意味のフレーズです。
- **I love the way many Japanese people dress.**
  （日本人の服装が気に入ってる）
  dress は「服を着る」の意味。「多くの日本人の洋服の着こなしが大好きだ」ということですね。

❷ その国の文化をほめるには？

Tea ceremony has a surprisingly long history.
（茶の湯はものすごく長い歴史があるんだ）
tea ceremony は「茶の湯」です。surprisingly は「驚くほど」。

- **Its anime culture has great influence on the rest of the world.**
  （アニメ文化は、世界中に影響を及ぼしているよ）

  have influence on... は「…に影響を及ぼす」の意。the rest of the world は「世界のほかの地域」。

- **Tokyo is one of the biggest trend-setting cities of the world.**
  （東京は世界のトレンド発信基地なんだよ）

  trend-setting は「トレンドをつくる」といった意味合いの語ですね。

ボキャブラリー

・国の特徴をほめるフレーズをもっと増やそう！

safe country（安全な国）
clean country（清潔な国）
modern country（近代的な国）
country of passion（情熱の国）
country that is full of vitality（活気あふれる国）
country whose people are full of warmth（人情味豊かな国）
country whose people lead simple lives（素朴な暮らしぶりの国）
country that gives one a feeling of nostalgia（懐かしさが感じられる国）
country where one can relax（のんびりできる国）
country whose people tend to be very friendly（気さくな人が多い国）
country whose people are very fashionable（おしゃれな人が多い国）
country whose people are known for being sophisticated（洗練された人が多い国）
country which is known for its delicious food（おいしい食べ物で有名な国）
country that is full of art, artsy country（芸術の国）
country with beautiful seasons（季節の移り変わりが美しい国）
country with abundance of nature（大自然が豊富な国）
country in which many medieval sites remain（中世の旧跡が多く残る国）
country that allows one to relive the ancient times（古代に思いを馳せることができる国）
country which has many world heritage sites（世界遺産がたくさんある国）
country with great history（すばらしい歴史をもつ国）
earth-friendly country（環境にやさしい国）

UNIT 43
学校の教え子をほめてあげよう!

こんな言葉でほめてみよう! 　CD 85

① **You did a good job on your midterm test.**
（中間テストではいい成績だったよ）

② **You are doing much better in this class this term.**
（今学期、君はこのクラスでは前よりずっとよくやっているね）

③ **I can tell that you have been working harder.**
（前より一生懸命に取り組んでいるのがわかるよ）

ここでは先生が生徒の成績や努力などをほめるときの表現をチェックしていきましょう。Keep up the good work! などの激励の表現は家庭で子供に対して使ったり、会社で上司が部下に使ったりもできます。

ダイアログでチェックしてみよう!
（中間テストについて先生と生徒が話している場面です）

A: **How did I do?** （私の成績はどうでしたか？）
B: **You did a good job on your midterm test.** …①
（中間テストではいい成績だったよ）
A: **Really? That's great.** （ほんとうですか？ それはよかった）
B: **Yes. You are doing much better in this class this term.** …②
（うん。今学期、君はこのクラスでは前よりずっとよくやっているね）
A: **I've been putting a lot more effort into this class.**
（このクラスでは一層努力するようにしているんです）
B: **I can tell that you have been working harder.** …③
（前より一生懸命取り組んでいるのがわかるよ）
A: **I'm so happy to hear that.** （それを聞いてとてもうれしいです）
B: **Keep up the good work!** （その調子でがんばってくれよ！）

① テストの結果をほめるには？

You did a good job on your midterm test.
(中間テストではいい成績だったよ)
do a good job で「うまくやる」の意味で、ここでは「いい成績を取る」ということ。midterm test は「中間テスト」です。

- **You did well on the test.** (テストではいい成績だったね)
  do well on... も「…でよくやる；よい成績を取る」という意味。
- **You got a hundred [a perfect score] on the quiz.**
  (小テストでは100点［満点］だったね)
  quiz はかんたんなテスト、つまり「小テスト」のことです。perfect score は「満点」ですね。
- **Your score on the spelling test was very good.**
  (スペリングのテストではとてもいい成績だったね)
  spelling は「語のつづり」のこと。

② 成績の向上をほめるには？

You are doing much better in this class this term.
(今学期、君はこのクラスでは前よりずっとよくやっているね)
ここでの much は強調。be doing much better で「前よりもずっとよくやっている」というニュアンスが出てきます。

- **You are doing a much better job on your homework.**
  (宿題では前よりずっとよくやっているね)
  homework は「宿題」。
- **Your grades have improved a great deal.**
  (君の成績は大いによくなったよ)
  grades は「成績」、improve は「よくなる；進歩する」、a great deal は「大いに」の意味。
- **Your writing is much more eloquent.**
  (君のライティングはずっと説得力のあるものになってきたね)
  eloquent は「雄弁な；説得力のある」という意味です。

③ 努力を認めてほめてあげるには？

I can tell that you have been working harder.
（前より一生懸命に取り組んでいるのがわかるよ）
I can tell that... は「…ということがわかる」という意味になります。ここでの work は「勉強する」ということです。

- **I see a very big improvement.**（大いに進歩したことがわかるよ）
  I see... で「…がわかる」を表しています。improvement は「改善」。
- **I know you have been studying hard.**
  （一生懸命勉強しているってことがわかるよ）
- **Your effort is apparent in your work.**（君の努力が成績に現れているね）
  apparent は「明白な」の意味。ここでの work は「成績」のことを言っています。

♥ この場面で使えるその他のほめ言葉

❶「…に強いね」と言おう！

You are very strong in math.（君は数学に強いのね）
strong in... は「…に強い；…が得意だ」という意味のフレーズです。

- **You have an aptitude for music.**（君には音楽の才能があるわね）
  aptitude for... で「…の才能」という意味。
- **Your writing skills are very strong.**
  （あなたのライティングのスキルは、なかなかのものよ）
  skill は「技能；技術」です。

❷「がんばれ」と言おう！

Keep up the good work!（その調子でがんばってね！）
keep up は「続ける；維持する」という意味。「この調子で（いい成績を保って）がんばって」という表現です。

● **Keep at it.**（根気よくがんばって）
これも激励の決まり文句です。
● **You can do it.**（きっとできるわよ）
シンプルですが、ほめながら意欲を高め、強く激励することができる表現ですね。

ボキャブラリー

・学業のボキャブラリーをもっと増やそう！
study hard（懸命に勉強する）
listen intently in class（授業を熱心に聴く）
work hard on homework（宿題をがんばる）
write an excellent term paper（すばらしい期末レポートを書く）
work hard on both academics and athletics（運動と勉強を両立する）
be strong in math（数学が得意だ）
have an aptitude for science（理科の才能がある）
be very athletic（運動神経が抜群だ）
grades go up（成績が上がる）
grades go down [drop]（成績が下がる）

Column　アメリカでは先生や教授をどう呼ぶの？

　日本と違ってアメリカでは、先生のことを「先生！」= Teacher! などとは呼びません。基本的に先生を呼ぶときは、Mr.（男性の敬称）、Mrs.（既婚女性の敬称）、Miss（未婚女性の敬称）、Ms.（既婚未婚を問わず女性の敬称）をラストネーム（苗字）の前につけて呼びます。幼稚園の場合には、敬称のあとにファーストネーム（名前；名）をつけて呼ぶこともありますよ。また、大学の教授は、Professor ... のように呼びます。
　ふつうのお稽古ごとの先生などは、ファーストネームで呼び捨てにすることもあります。

UNIT 44 習い事やレッスンの生徒をほめよう!

こんな言葉でほめてみよう!　CD 87

① **This is a very nice photograph.**
（なかなかいい写真だね）

② **You have a very good eye for composition.**
（君は構図を見る目があるね）

③ **You have great potential as an artist.**
（芸術家としてかなりの見込みがあるよ）

習い事や教室などで生徒をほめる言い方にもいろいろあります。ここでは、おもに技能や芸術のセンスなどをほめる言い方に着目してみましょう。

ダイアログでチェックしてみよう!
（写真の教室で、先生が生徒の作品について話している場面です）

A: **What do you think of these?**
（これらの写真どう思いますか？）

B: **This is a very nice photograph.** …①
（なかなかいい写真だね）

A: **Thank you.**（ありがとうございます）

B: **You have a very good eye for composition.** …②
（君は構図を見る目があるね）

A: **Really?**
（ほんとうですか？）

B: **Yes. You have great potential as an artist.** …③
（うん。芸術家としてすごく見込みがあるよ）

A: **Wow. That's so exciting to hear!**
（わあ、そう聞いてうれしいです！）

いろんな言い方でほめてみよう！　CD 88

① 作品をほめてあげるには？

This is a very nice photograph.（なかなかいい写真だね）
nice（よい；すばらしい）を使ったシンプルなほめ言葉です。

- **This image is very exciting.**（このイメージはすごくエキサイティングだね）
  exciting は「興奮するような；刺激的な」という意味。
- **This one speaks to me.**（この作品、心に響くね）
  one は、ここでは絵画や写真などの作品を言い換えた代名詞です。speak to... で「…に語りかけてくる；心に響く」の意。

② 具体的な能力をほめるには？

You have a very good eye for composition.
（君は構図を見る目があるね）
eye for... で「…を見る目」、composition は「構成；構図」のこと。

- **You have a way of finding beauty in simple objects.**
  （君はシンプルな対象物に美を見いだす術を心得ているね）
  have a way of -ing... で「…する術を知っている」という意味。object は「対象；物」の意味。
- **You know how to capture a well-balanced image.**
  （君はバランスの取れた像を捉える術を知っているね）
  well-balanced で「バランスの取れた」という意味。

③ 将来性への期待を言うには？

You have great potential as an artist.
（芸術家としてかなりの見込みがあるよ）
potential は「可能性；将来性」の意味です。

- You display promise.（君には見込みがあるのがわかるよ）
  直訳すると「君は有望さを展示している」となります。絵などの表現の中に、その人の有望さが現れているという意味の言い回し。
- I can't wait to see more of your work.
  （君の作品をもっと見るのが待ちきれないよ）
  I can't wait to... で「…するのが待ちきれない」という意味です。

♥ この場面で使えるその他のほめ言葉

❶「いい色だね」と言おう！
This is a lovely color.（これはいい色ね）
lovely「すてきな」というほめ言葉を使っています。アメリカ英語では女性的な表現なので、男性はこの語の使用は控えたほうがいいでしょう。

- The image has a very nice color scheme.
  （この絵はなかなか色彩の組み合わせがいいわね）
  scheme は「枠組み；基本構想」の意。
- The colors in this painting are very vibrant.
  （この絵の色彩は非常に鮮やかね）
  vibrant は色彩などが「鮮やかな」という意味です。

❷「とても独創的だ」と言おう！
This is very creative work.
（これは非常に独創的な作品ね）
creative は「独創的な；創意工夫がある」を表します。

- You are very creative.（あなたは非常に独創的ね）
  creative は「創造的；独創的な」という意味の形容詞。
- It is quite original.（きわめて独創的ね）
  original は「独創的な；独自の」という意味。

❸「いい発想だ」と言おう！
That's a great idea.（それはいいアイデアだ）
作品を創ったときの相手の発想力をほめる表現。「アイデア」はここでは「着想；発想」といった意味合いで使っています。

- **What a very nice idea!**（なんていいアイデアなの！）
  What a...! は「なんて…なんだろう!」という驚きを表す感嘆文です。
- **You have some wonderful ideas.**
  （すばらしいアイデアがあるわね）
  wonderful は「すばらしい」。

♥ ボキャブラリー

・習い事のボキャブラリーを増やそう！
piano lessons（ピアノのレッスン）
　　＊通常、class は単数形、lessons は複数形で用います。
art class（美術教室）
ballet class（バレーのクラス）
gymnastic class（運動教室）
swimming lessons（スイミング）

enrollment（入会）　registration（登録）
membership（会員［資格］）　membership fee（会費）

Column　サッカーマムって、どんなお母さん？

　　90年代頃から使われているサッカーマム（soccer mom）という言葉があります。ミニバンに乗って子供たちを学校や（サッカーなどの）お稽古事など、あちこちに送り迎えするような母親で、サッカーマムの一日はそんなことばかりで空しく終わってしまいます。自分より家族を優先し、母親業に明け暮れて常に疲れている中流階級の白人の母親のイメージです。日本にも、そんなタイプのお母さんたちが増えてきましたね。

UNIT 45
先生の教え方や授業をほめよう!

こんな言葉でほめてみよう! 　CD 89

① **I'm really getting into it.**
（すごくはまってきてるの）

② **She's a very good teacher.**
（すごくいい先生よ）

③ **Everyone is really nice.**
（みんなすごくいい人なの）

ここでは、習い事などのクラスや先生の教え方などにコメントしながらほめる表現をチェックしましょう。自分がそのお稽古や習い事に夢中になっていることを話すときのI'm really getting into it. のような言い回しは、必ず覚えておきたいですね。

ダイアログでチェックしてみよう!
（友人が始めたサルサのクラスの話をしている場面）

A: How do you like your new salsa class?
（新しいサルサのクラスはどう？）

B: It's great. I'm really getting into it.　…①
（いいわよ。すごくはまってきてるの）

A: Do you like the teacher?
（先生がいいのかい？）

B: Yeah. She's a very good teacher.　…②
（ええ。すごくいい先生よ）

A: Do you like your classmates?
（クラスメイトは気に入ってる？）

B: Yes, I do. Everyone is really nice.　…③
（ええ。みんなすごくいい人なの）

A: Sounds wonderful!
（すごくよさそうだね！）

① 習い事などに「はまってる」と言おう！

I'm really getting into it. （すごくはまってきてるの）

get into... で「・・・に興味がある；夢中になる」という意味のフレーズです。

- **I'm hooked!** （はまってるの！）
  hooked も「夢中になって；はまって」という意味。
- **I love every minute of it.** （大好きなの！）
  love every minute of... で「・・・がすごく大好きだ；存分に楽しんでいる」。every minute of... は「・・・のどの瞬間も」がもともとの意味。
- **I can't get enough of it.** （いくらやってもやり足りないって感じよ）
  can't get enough of... は「・・・をいくら得ても足りない」、つまり「・・・をいくらでも欲しい」という意味ですね。これも大好きな物事へのほめ言葉になります。

② 先生をほめるには？

She's a very good teacher.
（すごくいい先生よ）

「優秀な先生だ」とほめる表現です。

- **She's an experienced teacher.** （ベテランの先生なの）
  experienced は「熟達した；ベテランの」という意味。
- **He is very good at explaining things clearly.**
  （先生ははっきり説明するのがすごく上手なの）
  explain は「説明する」の意。
- **She's a gifted teacher.** （才能のある先生なの）
  gifted は「才能のある」という意味ですね。

③ クラスの仲間をほめるには？

Everyone is really nice.（みんなすごくいい人なの）
nice は「すてきな；親切な」といった意味です。

- **I get along with everyone.**（みんなとうまくやってるわ）
  get along with... は「…とうまが合う；仲良くやる」という意味のフレーズです。
- **We have a lot of fun together.**（みんなとっても楽しくやってるわ）
  have a lot of fun で「大いに楽しむ」の意味。
- **I like everyone in my class.**
  （クラスのみんなのことが好きなの）
  I like... でも仲間のよさが伝わる表現になります。

♥ この場面で使えるその他のほめ言葉

❶「気楽なクラスだ」と言おう！

It's a very laid-back class.（とてもくつろいだクラスなんだよ）
laid-back は「くつろいだ；のんびりした」という意味の形容詞。

- **They don't expect too much of you.**（そんなにいろいろ要求されないんだ）
  expect は「期待する；要求する」。技術の上達などをあれこれ要求されない、楽しみでやるクラスということです。
- **It's very informal.**（とてもくだけた感じだよ）
  informal は「カジュアルな；くだけた；気さくな」といった意味合いの語。対義語は formal（きちんとした；フォーマルな）です。

❷「役に立つクラスだ」と言おう！

It's a very useful class.
（とても役に立つクラスなの）
useful は「役に立つ」。役立つことは、習い事の基本ですね。

- **It's doing me a lot of good.**（すごく自分のためになってるの）
  do...a lot of good で「大いに…の役に立つ;ためになる」という意味のフレーズです。
- **I found what we learn very useful.**
  （習ってるものがとても役立つってわかったの）
  what we learn は「私たちが習っているもの」の意味です。

ボキャブラリー

・大人の習い事のボキャブラリーを増やそう！

aerobics class（エアロビクスのクラス）
aikido class（合気道教室）
art class（美術教室）
ballet lessons（バレーのレッスン）
cooking class（料理教室）
ESL class（英会話教室）
karate lessons（空手の練習）
photography class（写真教室）
piano lessons（ピアノのレッスン）
pottery class（陶芸教室）
salsa class（サルサ教室）
sign Language class（手話教室）
ski lessons（スキーのレッスン）
spanish lessons（スペイン語のレッスン）
swimming lessons（水泳教室）
watercolor class（水彩画教室）
yoga class（ヨガ教室）

■ 著者略歴

長尾 和夫（Kazuo Nagao）

福岡県出身。南雲堂出版、アスク講談社、NOVA などで、大学英語教科書や語学系書籍・CD-ROM・Web サイトなどの編集・制作・執筆に携わる。現在、語学書籍の出版プロデュース・執筆・編集・翻訳などを行うアルファ・プラス・カフェ（www.alphapluscafe.com）を主宰。『絶対『英語の耳』になる！リスニング 50 のルール』（三修社）、『聴こえる！話せる！ネイティヴ英語 発音の法則』（DHC）、『とりあえず英語で 30 秒話す練習帳』（すばる舎）、『英語で自分をアピールできますか？』（角川グループパブリッシング）、『頭がいい人、悪い人の英語』（PHP 研究所）、『使ってはいけない英語』（河出書房新社）ほか、著訳書・編書は 200 点余りに及ぶ。『CNN English Express』（朝日出版社）、『English Journal』（アルク）など、雑誌媒体への寄稿や、ブログ（メルマガ）『Kaz & Andy の毎日の英会話』の執筆も行っている。

マケーレブ 英美（Amy McCaleb）

アメリカ合衆国出身。小学校までを母の母国である日本で過ごした後、渡米。大学時代までを、父の母国アメリカで過ごす。アメリカの Savannah College of Art and Design（サバナ・カレッジ・オブ・アート＆デザイン）を卒業。国際基督教大学での留学経験もある。再度日本へ帰国後、英語講師などを経て、現在、官公庁の白書等の日英翻訳、帰国子女のための英語能力保持クラスの講師などを行っている。イラストレーターとしても、『NHK ラジオ新基礎英語』（日本放送出版協会）や『English Journal』（アルク）のイラストを手がけるなど、多方面で活躍中。著書に『英会話瞬換トレーニング』（DHC）、『とりあえず英語で 30 秒話す練習帳［日本紹介編］』（すばる舎）、『その英語、やさしい単語で言えますか？』（三修社）、『カンタン英会話パターン 88』（アスク出版）などがある。

英会話は、ほめ言葉でうまくいく！

2009 年 3 月 10 日　第 1 版発行

著　者	長尾和夫　マケーレブ英美
発行者	前田俊秀
発行所	株式会社三修社
	〒 150-0001　東京都渋谷区神宮前 2-2-22
	TEL 03-3405-4511　FAX 03-3405-4522
	振替 00190-9-72758
	http://www.sanshusha.co.jp/
	編集担当　北村英治
印刷・製本	萩原印刷株式会社

©2009 A+Café　Printed in Japan
ISBN978-4-384-05535-1 C2082

®〈日本複写権センター委託出版物〉
本書を無断で複写複製（コピー）することは、著作権法上の例外を除き、禁じられています。
本書をコピーされる場合は、事前に日本複写権センター（JRRC）の許諾を受けてください。
JRRC〈http://www.jrrc.or.jp　e-mail：info@jrrc.or.jp　電話：03-3401-2382〉